Heilkunst der Indianer

Thomas Grethlein

Heilkunst der Indianer

Geheime Kräfte der Natur – Nutzen und Anwendung

Bechtermünz Verlag

Genehmigte Lizenzausgabe für Weltbild Verlag GmbH, Augsburg 2000

Umschlaggestaltung: Külen und Grosche DTP, Augsburg
Umschlagmotiv: Eagle Dance von Woodrow W. Crumbo, Philbrook Museum of Art, Tulsa, Oklahoma

Gesamtherstellung: Presse-Druck, Augsburg
Printed in Germany
ISBN 3-8289-1856-5

INHALT

EINFÜHRUNG

I. MESA – DAS LAND

II. MESA – DIE KRAFT

III. MESA – DIE HEILKUNST

IV. MESA – DAS ERBE

V. MESA – DER VERFALL

ANHANG

EINFÜHRUNG

LIEBEN SIE KARL MAY?

Wahrscheinlich haben Sie diese Frage im vorliegenden Buch nicht erwartet. Lassen Sie die Falten, welche Ihre Stirn jetzt umwölken, wieder glatt werden. In der Zwischenzeit erlaube ich mir, meinen eigenen Eindruck zu erzählen.
Als Bub von zehn oder zwölf Jahren las ich Karl May leidenschaftlich gern. Über einige, mir trocken erscheinende Abschnitte altväterlicher Weltverbesserung blätterte ich hinweg. Von den geschilderten Indianerabenteuern aber war ich hingerissen.
Irgendwann las ich dann andere Bücher, Winnetou und seine Gefährten ruhten in der Ecke. Viel später, als Erwachsener von etwa 40 Jahren, griff ich mehr zufällig beim Ordnen von Bücherregalen wieder nach einem Band der geliebten Jugendlektüre.
Ich war enttäuscht! Sicherlich – die Geschichten mögen auch heute noch ein entsprechend empfindsames Herz schneller schlagen lassen. Ich selbst konnte jedoch wenig damit anfangen.
Natürlich – man wird älter und abgeklärter, vielleicht auch stumpfer. Das aber war es nicht. Auch heute lese ich zum Zeitvertreib gerne spannende Geschichten oder Romane unterschiedlicher Art.

DIE BEGEGNUNG MIT INDIANERN

In der Zwischenzeit habe ich viel über Indianer Nordamerikas, ihre Kultur, ihre Religion und Denkweise kennengelernt. Und zwar weniger durch Bücher, sondern in direktem Kontakt mit den Vertretern ihrer Völker vor Ort.
Karl May ist bis heute berühmt für seine sorgfältigen Erkundungen indianischen Lebens. Er war aber Kind seiner Zeit und besuchte einzelne, von Weißen völlig beeinflußte Indianerstämme erst *nach* Entstehung seiner Bücher. Damals – um 1900 – stand es um die Sache der Indianer in Nordamerika sehr schlecht.
Auch heute bleibt das Leben der „edlen Rothäute“ weit von angemessenen Verhältnissen entfernt – wenigstens überwiegend.
Aber ihr Bewußtsein hat sich fort-, besser gesagt zurückentwickelt.

Vorbei sind die Tage, da berühmte Häuptlinge und Schamanen läppische Wildwest-Shows für eine Handvoll Dollars aufpeppten. Die Rückbesinnung auf die Tage vor der Ankunft der weißen Vergewaltiger gab einigen Indianern das wieder, was wir aus europäischer Sicht fälschlich Stolz nennen: Es ist ihr Selbstverständnis und damit die Grundlage eines Lebens, das sie sich in Jahrtausenden erkämpft haben.
Diese Entwicklung zurück zur überzeugenden Tradition ist noch nicht beendet. Aber ich verstehe gut, daß schon jetzt die Distanz gegenüber den Weißen gewachsen ist. Die Distanz, nicht das Mißtrauen.
Die Zerstörung der indianischen Lebensgrundlagen – Büffelherden, Ackerland, Aufdrängen von Alkohol, Ausnützen ohne jede Rücksicht auf die Traditionen – liegt ja erst etwa 100 Jahre zurück.
Ich kann mich noch gut erinnern, wie meine Großeltern über die Zeit vor 100 Jahren erzählten, von heute an zurückgerechnet. Das alles ist also gar nicht so lange her.
Für die Indianer handelt es sich nicht nur um Erinnerung, sondern um Erleiden. Jede Familie kennt da ihre eigenen Geschichten in den Erzählungen der Väter, bis in unsere Tage.
Indianer haben im Zweiten Weltkrieg Entscheidendes für ihre Nation USA geleistet. Es gibt ein eigenes Buch über die herausragende Tapferkeit von Navajokriegern in dieser Zeit. Andere Stämme standen da nicht nach. Aber nach dem Krieg wurde das weithin von einer zusehends moderneren Gesellschaft vergessen.
Blieb überhaupt etwas? Das schon.
Aber es ist nicht einfach zu finden.
Meine Reisen in Indianergebieten seit fast zwei Jahrzehnten, der Kontakt mit der Bevölkerung dort und die Auseinandersetzung mit ihrer Überlieferung in Wort, Bild und Schrift haben mir ein reichhaltiges Erbe gezeigt.
Auch heute ist Vorsicht geboten.
Innerhalb von 20 Jahren wandelte sich Santa Fe etwa von einem Ort lebendiger indianischer Tradition zu einem vornehmlich oberflächlichen Touristikmarkt mit indianischer Staffage.
Manche Kunstgegenstände geben dort durchaus noch den Geist der Alten wieder. Aber der Zugriff von New-Age-Bewegungen drückt vieles nieder.
Es wird noch ausführlich begründet, warum diese weißen Ersatzreligionen mit indianischem Denken unvereinbar sind.
Auf der anderen Seite zeigen meine Erfahrungen, daß die Begegnung mit der indianischen Welt uns nicht nur Mund und Nase aufsperren läßt. Gewiß – die Unterschiede zwischen den Kulturen sind erheblich.
Manches von Indianern Erfahrene erscheint wie eine sinnvolle Ergänzung zu einer Konsumgesellschaft, die bei der Sinnfrage nach Inhalten ihres Lebens giert und jede Ausbeutung ihrer Grundlagen zuläßt, die Antwort aber oft verfehlt.
Gerade die „Medizin“ eignet sich, die Brücke

zwischen den beiden Welten zu schlagen. Dabei hat jeder Indianer einen weiten Begriff von „Medizin". Heilkunst ist hier nur ein, wenn auch bedeutender Gesichtspunkt.

Um dies besser zu verstehen, will ich von der Medizin allgemein zur Medizinheilkunst kommen. Diese läßt sich auch bei uns ganz praktisch anwenden.

ZUM GEBRAUCH DES BUCHES

Der Hintergrund unseres Daseins, andere sagen der Sinn des Lebens, scheint mehr eine philosophische Frage als ein medizinisches Thema darzustellen.
Aber gerade unsere Zeit betont zu Recht den klaren Zusammenhang zwischen Selbstverständnis (Wo stehe ich in dieser Welt?) und dessen Störung. Die zeigt sich dann in Krankheiten, die wir psychosomatisch nennen. Der Zweifel an der eigenen Rolle im Leben verursacht ein Ungleichgewicht. Das kann krank machen, fröhlich macht es keinesfalls.
Diese „weiß" formulierten Sätze können Indianer in ihrem Denken nachvollziehen. Ausgeglichenheit und Balance stellen für sie Grundlagen soliden Lebens dar.
Deshalb richtet sich indianische Medizin zunächst auf die Stabilisierung der Lebensverhältnisse aus. Sie beugt also vor. Ähnlich bemühen sich ja hierzulande Ärzte und Krankenkassen um Prophylaxe, was nichts anderes als Vorbeugen meint. Medizin im indianischen Verständnis umfaßt aber noch viel mehr.
Karl May gab seinen Lesern zu deren Freude ein romantisch verklärendes Bild von Winnetous Brüdern. Mit der Wirklichkeit hatte das (fast) nichts zu tun.
Auch wir müssen uns dem Thema vorsichtig nähern.
Leiden wir heute noch gezwungenermaßen Hunger? Bedeutet ein Rascheln im Gebüsch beim Spaziergang tödliche Bedrohung durch eine Diamondback-Klapperschlange? Wir können uns indianisches Leben also vorstellen, es aber nicht nachempfinden. Das beweisen die eben genannten zwei Beispiele.
Trotzdem sind viele Menschen neugierig geworden. Gerade weil die Indianer mit ihrer Lebenserfahrung und Weisheit so brutal mit den Errungenschaften unserer Zivilisation verdrängt wurden, interessieren sie wieder.

IM TREND

Viele Zeitgenossen sehen ein, daß Computerdaten und Terminhetze keine gute Lebensgrundlage bilden. Sehnsüchte entstehen.

Und weil Karl May nicht mehr sehr modern ist, blickt man auf durchaus vielfältige, faszinierende Angebote: Verbindungen östlicher Mystik, die auch keiner so recht kennt, mit indianischer Weisheit. Überlebenstraining im Indianergebiet. Wen das zu sehr anstrengt, der kann sich wenigstens mit Symbolen der eingeborenen Amerikaner behängen. Damit ist er auch „in".

Dieser laute Weg bedeutet nur Leben mit ein paar Kriegsfarben im Gesicht. Das macht noch keine Indianer. Und vermittelt auch kein Verständnis für sie. Dieses Verständnis können wir vielleicht erlernen. Sicher nicht jeder. Manchem wird es jedoch bei Fragen zum eigenen Leben helfen. Allgemein in der Betrachtung der Dinge, konkret als Medizin bei einer Krankheit.

DER NUTZEN?

Für alle, die Neues für ihr Leben kennenlernen wollen, habe ich dieses Buch geschrieben.

Nicht als Gebrauchsanweisung zum kurzfristigen Nachschlagen, wie eine Fünfminutenpause möglichst entspannend genutzt wird. Aber doch ganz entscheidend mit praktischen Hinweisen, wie wir indianische Weisheit und Lebenskraft in unseren Alltag hineintragen können. Und das bedeutet mehr als einige heilkundliche Notizen. Indianer sehen immer den ganzen Menschen in seiner Umwelt. Natürlich werden Sie dabei auch Behandlungsmethoden erfahren, die Sie bei Erkrankungen anwenden können. Das war ja mein erster Berührungspunkt mit den Indianern, als ich zu meinem Erstaunen sah, daß in offiziellen amerikanischen Lehrbüchern noch Indianerrezepte empfohlen wurden.

Nach und nach verstand ich besser, wie hinter dieser medizinischen Hilfe eine ganze Lebensordnung stand. Diese stellt die Natur in den Mittelpunkt. Sie nimmt sich sanft zurück, wenn die Zeiten es erfordern, so wie die Natur im Herbst einschläft, um im nächsten Jahr wieder zu erwachen. Sie zeigt aber auch Härte, wenn es gilt, gegen Unwetter oder Krankheiten anzukämpfen.

Das Buch kann nur Anregungen bieten, diese aber kommen mit Beispielen zur Anwendung hier. Auch bildlich soll der Zusammenhang zwischen allgemeinem Leben und Medizin, der Übergang von Gesundheit und Krankheit wiedergegeben werden.

Deshalb will ich nicht in (herkömmlichen) Kapiteln vom Sinnverständnis indianischen Lebens über die Nutzung (über)natürlicher Kräfte zur medizinischen Behandlung kommen.

Ich habe dafür den Begriff Mesa gewählt.

DIE MESA

Das spanische Wort *mesa* bedeutet Tisch. Im südwestlichen Indianerland der USA –

einer Hochebene, etwa 2000 m über NN – ragen bewaldete Hügel mit Plateaubildung an einer Seite in die Landschaft. Die andere Seite fällt typisch steil ab, was von weitem wie ein aufgestellter Tisch erscheint.
Seit Jahrhunderten leben hier Indianer inmitten heiliger Stätten. Die Mesas mit ihren Bauten, Wohnstätten und Feldern haben unterschiedliche Bedeutung. Alle zusammen aber bilden eine Landschaft, aus der auch Medizin kommt.
Als eine Art Reiseführer will ich mit Ihnen die Hügel von der schräg ansteigenden Seite angehen. Zunächst werden wir nur Einzelheiten sehen. Der Überblick fehlt noch – klar, wir sind in waldiger Gegend. Mit Erreichen des Plateaus wird die Luft klarer. Schließlich stehen wir am Rand des „Tisches“, wo der Berg steiler abfällt. Jetzt kann der Blick schweifen, wir sehen alles in gegebenem, natürlichem Zusammenhang. Dieses Vorgehen erscheint mir dem Thema angemessen, weil auch die Form der indianischen Welt entnommen ist.
Überspringen Sie also keine Kapitel, sondern lassen Sie sich über die Mesas führen.

I. MESA
DAS LAND

Himmel weit wie das Auge. Und doch gegliedert.
Auch ein kurzer Ritt zeigt die Vielfalt des Landes.
Wald findet sich, auch Canyon, Steinnadeln spießen empor
aus flachen Belegen, die Gründe sind verwaschen.
Wusch doch lange vor den Menschen Natur diese Steine.
In Meeren von ungeahntem Maß, mit Regen von Dauer,
für die viele Menschenalter nicht reichen.
Und dann glüht die Sonne: Arroyos voll Staub
mit kargem Gewächs, sie lechzen nach Wasser.
Die Sonne verbrennt vieles.
Doch halten sich Pflanzen und Tiere.
Das Leben trotzt gegen Mutter Natur, die nicht nur Gutes spendet.
Kaum glaublich, daß des Winters Gewalten hier arge Kälte schaffen.
Dann hat das Land sich aufs neue gewandelt
im Spiel der Zeiten.
Spät finden wir Menschen.
Ihre Geschichte erzählt den Weg in das Land – mühsam und schwer.
Ein dunkles Erzählen des Anfangs, leer von den Namen.
Das Volk, die Sippe, sie trotzt der Natur.
Doch bleibt sie ihr treu, folgt ihrem Gesetz ohn' alles Fragen.
Schließlich ein Wunsch: die Kraft für sich selbst zu gebrauchen.
Der Mythos hilft da, alte Erzählungen ...
Da sind Götter und Monster, Trickster und Welten.

DER AMERIKANISCHE KONTINENT OHNE MENSCHEN

1492 – dieses magische Datum läßt uns von der „Entdeckung“ Amerikas sprechen. Es wird in den Schulbüchern erwähnt und haftet in unserem Gedächtnis. Vor wenigen Jahren wurde es anläßlich der Weltausstellung in Sevilla als 500-Jahre-Jubiläum gefeiert.

EUROPA 1492

Christoph Kolumbus entdeckt im Auftrag der spanischen Könige Ferdinand und Isabella die Neue Welt.
Ungeahnte Entwicklungen beginnen.
Gleichzeitig siegt Europa über den Islam, wenigstens auf spanischem Boden.
Die „katholischen Könige“ Spaniens erobern Granada, die letzte Bastion der Araber im Westen der Christenheit.

1493 teilt Papst Alexander VI. die Welt.
Alle neuentdeckten Gebiete werden nach einer festgelegten geographischen Grenze zwischen Spanien und Portugal aufgeteilt.

Lorenzo de Medici, „der Prächtige“, stirbt. Er förderte Künste und Wissenschaften, die vom starren Mittelalter Abschied nahmen. Einer der Geförderten ist Michelangelo.

Vertreibung der Juden: Unter Androhung der Todesstrafe werden alle Juden Spaniens aus dem Land gewiesen. Ihr Besitz fällt an Staat und Kirche. Ihre Kultur und ihre gesellschaftliche Leistung (Anwälte, Ärzte) sind unwiederbringlich verloren.

NORDAMERIKA 1492

Im Südwesten und in der Mitte Amerikas bauten Indianer seit Jahrhunderten mehrstöckige Dorfanlagen mit Kivas. Das sind kultische Räume, oft mit reichen Wandmalereien. Verehrt wurden auch Kachina-Puppen, die bis heute in Indianergebieten gefertigt werden.

Diese Cliff-Siedlungen heißen nach ihrer malerischen Lage an steilen Canyonwänden. Auf dem Boden des jeweiligen Canyons betrieben die Indianer Ackerbau, überwiegend mit Mais, Bohnen und anderem Gemüse.
Noch vor Eintreffen der Weißen wurden viele dieser Anlagen verlassen.
Über die Gründe wissen wir nichts. Gewalt scheint nicht ausgeübt worden zu sein. Möglicherweise verhinderte eine Klimaverschiebung weiteren ertragreichen Anbau.

Natchez/Mississippi: In hügeliger grüner Landschaft erhoben sich sanfte, wenige Meter hohe Kogel, die von Indianern angelegt worden waren. Neben kultischen Zwecken diente die Gesamtanlage als Handelszentrum.
Wir nennen diese künstlichen Hügel *mounds.* Man kannte gesellschaftliche Schichten, die sich jedoch durch Heiraten mischen mußten. Im Zentrum der religiösen Verehrung stand die Sonne, was keineswegs für alle Indianer typisch ist.
Nach Zerstörung dieser *Mound*-Kultur durch Weiße dauerte es Jahrhunderte, bis wieder Vergleichbares in Natchez geschaffen wurde. Die Stadt war lange Zeit berüchtigt als Tummelplatz übler Gesellen.

Natürlich – Sie wissen: Es gab schon vorher Menschen auf dem amerikanischen Kontinent. Mit Kolumbus verbinden wir die Begegnung Europas mit der „Neuen Welt“. Vorher gab es die Indianer, aber eigenartigerweise noch nicht sehr lange.
Die Vorzeitforscher graben in Europa, sie graben in Asien und Afrika. Mehr als eine Million Jahre zurück finden sie menschliche Spuren auf diesen Kontinenten.
Nicht so in der Neuen Welt. Zur Zeit des Neandertalers, den man bei Heidelberg fand, gab es keine Menschen in Amerika. Das war vor etwa 100 000 Jahren.
Besiedelt war der riesige amerikanische Kontinent zu dieser Zeit jedoch reichlich: von Tieren. Die Dinosaurier waren zwar schon vor einigen hunderttausend Jahren ausgestorben, aber Urzeitelefanten wie das Mastodon, Säbelzahntiger, Bisons, Karibus und Riesenkamele bevölkerten das Land.

DIE STREITFRAGE: WIE KOMMT MAN NACH AMERIKA?

Prähistoriker, also Forscher der Vorzeit, interessierten sich natürlich schon lange für die ersten Menschen auf dem amerikanischen Kontinent. Es fehlte auch nicht an

EISZEITEN

In vorgeschichtlicher Zeit gab es unterschiedliche Temperaturen. Die zugehörigen Zeiten bezeichnet man als Kalt- und Warmzeiten. Die Übergänge brauchten Zehn-, ja Hunderttausende von Jahren. Um eine bessere Zeitvorstellung von dieser Temperaturentwicklung zu erhalten, sind die wichtigsten Eiszeiten mit ihren europäischen und amerikanischen Namen gegenübergestellt.

Vor Jahren (Näherung)	Europa	Nordamerika
700000	Donau-Eiszeit	?
600000	Günz	Nebraska
400000	Mindel	Kansas
150000	Riss	Illinois
70 000–10000	Würm	Wisconsin

Funden wie Speerspitzen, Knochen oder erlegten Tieren. Trotz sehr moderner Verfahren gelingt die zeitliche Einordnung dieser menschlichen Spuren nicht auf wenige Jahre genau.
Auch heute streiten Wissenschaftler darüber. Immerhin kann man die frühesten Funde auf die Zeit vor 20 000 Jahren datieren. Daraus entwarfen dann Forscher eine Theorie der Einwanderung auf den amerikanischen Kontinent.

DIE THEORIE

Ganz im Norden, wo Amerika und Sibirien fast aneinanderstoßen, trennt die unwirtliche Meerenge der Behringstraße die beiden Kontinente. Vor 40 000 Jahren gab es hier kein Wasser, es bestand eine Eisbrücke.
Mit dem Abklingen der letzten Eiszeit wurde eine Landbrücke daraus, die bei besseren Klimabedingungen die Überquerung erleichterte. Diese blieb, das wollen wir nicht vergessen, in dieser Region ohne aufwendige technische Ausrüstung immer noch schwer genug.
Man nimmt an, daß vor 30 000 Jahren sibirische Jäger vielleicht dem Zug ihrer Jagdbeute folgten und nach Amerika kamen. Sicher war das in den eisigen Gegenden Nordsibiriens und Alaskas kein Spaziergang. Sicher folgten dieser Route auch nur wenige. Doch die reichten aus, um innerhalb von etwa 20 000 Jahren den

ganzen Kontinent einschließlich Südamerikas zu besiedeln.
Die Zahlen geben ungefähre Größen wieder. Leicht kann man mit neuen Funden und guten Argumenten einige Jahrtausende hin und her schieben. Doch darauf kommt es nicht an. Bedenken wir eher, daß trotz der allgemeinen Erwärmung in dieser Zeit im Norden die meiste Zeit des Jahres Winter herrschte.
20 000 Jahre erscheinen zudem als lange Zeit. Die Besiedelung Amerikas erfolgte aber von Alaska im Norden bis Feuerland im Süden. Das sind etwa 20 000 Kilometer!

DIE MUTIGE EROBERUNG EINES KONTINENTS

BESIEDELUNG AMERIKAS

THEORIE 1 (weit verbreitet): Einwanderung über die Behringstraße, die heute mit Wasser bedeckte Enge zwischen Asien und Alaska.
Voraussetzung: Die letzte Eiszeit muß schon nachgelassen haben. Damit günstigeres Klima für Tiere und Menschen, die ihrer Nahrungsgrundlage, den Tieren, folgten.
Die Warmperiode kann aber noch nicht zu ausgeprägt gewesen sein, da sonst fester Grund zum Überqueren gefehlt hätte (wie etwa heute).
Die mutmaßlich günstigste Zeit zum Überqueren der Noch-Landstrecke lag vor etwa 30000 oder 40000 Jahren.

THEORIE 2: Sie stützt sich auf einige Funde, die auch anders erklärt werden können.
Man nimmt eine küstennahe Bootsfahrt von Sibirien nach Alaska an.
Einwand: Die See zeigt sich dort noch heute sehr unwirtlich, obwohl die Klimabedingungen heute besser sind.

Wahrscheinlicher ist, daß der Mensch dem Ruf der Natur folgte, welcher Tiere über den Behring-Landkorridor nach Amerika einwandern ließ (entsprechend Theorie 1).

Die kühnen Jäger machten dabei natürlich kein Rennen von Norden nach Süden. Sie folgten den Tieren, machten Umwege, ließen sich auch in manchen Gegenden bleibend nieder.
Wie das alles geschah, darüber wissen wir sehr wenig. Es gibt mittlerweile aus allen Teilen Amerikas viele Funde. Aber auch die zeigen nur ungefähre Zusammenhänge. So wanderten die ersten Amerikaner bevorzugt auf einer Nord-Süd-Route wie oben beschrieben.
Einige zweigten ab und durchquerten Nordamerika vom Pazifik zum Atlantik. Deshalb gibt es Funde in den Oststaaten der USA ebenso wie in Georgia und Florida. Eine weitere Route führte quer vom Pazifik nach Mittelamerika.
Das Entscheidende war wohl die erste Hürde – der gefährliche Übergang im Norden. Weiter südlich gab es für die Jäger genug Lebensgrundlage. Die reiche Pflanzenwelt ließ Tiere gedeihen und trug zur Ernährung der Menschen bei. Wir können das noch heute trotz aller modernen Veränderungen sehen. Zum Beispiel auf einer Reise durch die schier unendlichen subtropischen Wälder der amerikanischen Südstaaten.
Hier bot sich damals auch genügend Lebensraum für Sammler. Die Besiedelung dieser Gebiete fand vor etwa 10000 Jahren statt. Der fruchtbare Boden wurde durch große Ströme und günstiges Klima ertragreich. Deshalb findet man hier auch die ersten deutlichen Spuren von Seßhaftigkeit. Bauern asiatischen Ursprungs, die wir heute Indianer nennen, züchteten ganz gezielt Nutzpflanzen. So kannten sie einige Dutzend verschiedene Bohnen- und Maissorten. Noch die Spanier waren bei ihrer Ankunft Jahrtausende später von diesen landwirtschaftlichen Produkten sehr beeindruckt.
Einzelheiten sind bei diesem kurzen Überblick nicht wesentlich. Doch schon klingt das Thema der Medizin an. Denn auf dem Weg ins neue Land war jeder einzelne von der Geburt bis zu seinem Tode der Natur ausgesetzt. Er spürte täglich ihre ungeheure Kraft. Die Natur erhielt die Menschen und versorgte sie. Sie bedrohte sie aber auch und tötete sie. Oft werden wir in den alten Erzählungen auf dieses Doppelgesicht von Mutter Natur stoßen. Unbestritten bleibt die Abhängigkeit. Das Bild, an der Natur wie an einer Nabelschnur zu hängen, wurzelt tief in der indianischen Seele und hat hier auch künstlerischen Ausdruck gefunden. Indianische Seele – gibt es die überhaupt?
Pessimisten sagen da: nein, angesichts des sozialen Abstieges der Indianer.
Ich will die Frage noch etwas provozierender stellen:
Ist die »gute alte Rothaut« nicht doch eine Erfindung romantischer Weißer vor 100 Jahren? Die »indianische Seele« wäre somit eine (gute) Erfindung.

GIBT ES ÜBERHAUPT INDIANER?

Gut, vielleicht habe ich mit der Frage etwas übertrieben. Es muß sie wohl geben, sonst könnte ich dieses Buch nicht schreiben.
Was ich betonen will: *Die* Indianer gibt es nicht.
Einige Gruppen von asiatischen Jägern – so hörten wir – schlugen sich auf den amerikanischen Kontinent durch. Sie hatten Erfolg, vermehrten sich. Man geht von wenigen Gruppen aus, welche die Festlandsbrücke der Behringstraße überwanden. Innerhalb von 25 000 Jahren vermehrten sie sich auf eine (geschätzte) Bevölkerungszahl von 75 Millionen Menschen.
Diese waren ja letztlich recht nahe verwandt. Wenn man vergleicht: In Europa und in Afrika sind die entsprechenden Zeiträume etwa zehnmal so lang.
Bei allem gemeinsamen Erbgut, bei aller Verwandtschaft: der amerikanische Kontinent zeigt sich sehr abwechslungsreich.
Niemand konnte in den sonnendurchglühten Wüsten des Südwestens auch nur annähernd so leben wie sein Vetter an der regenreichen Pazifikküste des Nordens.
Oft erfolgte die Anpassung an ganz neue Lebensverhältnisse in erstaunlich kurzer Zeit.
So kann man recht unterschiedliche Lebens- und Verhaltensweisen verschiedener Indianerstämme erklären.
Schon das Wort Stamm ist oft übertrieben. Häufig sind es nur einzelne Familien, die selten Bezug zu ihren „Verwandten“ in der Umgebung hatten. Gelegentlich bildeten sie Zweckgemeinschaften wie die Anasazi, die noch nicht einmal eng verwandt waren. Von ihrer Herkunft höchst unterschiedlich, lebten sie jedoch friedlich zusammen. Über Jahrhunderte geht das gut, dann verschwinden sie plötzlich. Wohin? Warum? Keiner weiß es.

DIE STÄMME

Was heute, wieder ein wenig auf Karl Mays Spuren, landläufig als Indianerstämme bezeichnet wird, findet sich erst spät im nordamerikanischen Bereich.
Im 19. Jahrhundert durchqueren große Verbände von Indianern als Nomaden die Great Plains – die hügeligen Gras- und Strauchlandschaften des Wilden Westens. Oft drückt die Not diese Stämme enger zusammen. Büffeljäger bedrohen ebenso wie nach Westen drängende Siedler die Lebensgrundlage der Plains-Indianer. Sie ertragen diesen Druck keine 100 Jahre.

INDIANERSTÄMME

Wie im Text ausgeführt, soll nicht jeder Stamm, jede Gruppe im einzelnen und namentlich genannt werden. Bei der großen Vielfalt von über 2000 Indianersprachen verwirrt das mehr, als daß es nützt.
Wer sich für Einzelheiten interessiert, findet in diesen beiden Büchern ausführlichere Informationen und auch Hinweise auf weiterführende Literatur:
- Insight Guides, Native America, Singapur 1992
- Taylor, C. F./Sturtevant W. C., The Native Americans, New York 1991

Um Ihnen doch einen gewissen Überblick zu verschaffen, will ich eine grobe, geographisch ausgerichtete Einteilung geben:

(1) Ostküstenindianer: bis 1750 so gut wie ausgerottet durch Weiße oder Krankheiten.

(2) Plains-Indianer: Nomaden. Bedeutsam für etwa 100 Jahre. Heftige Auseinandersetzungen mit den nach Westen vordringenden Weißen und der Armee, bis ihr Widerstand 1890 vollständig gebrochen ist.

(3) Great Basin: Großstämme der Utoazteken und anderer. Heute bedeutende Reservate wie das Navajoland. Vertreter der Pueblo-Bauweise mit mehrstöckigen Lehmdörfern. Beziehungen zu Mittel- und Südamerika.

(4) Indianer des großen Waldes um die großen Flüsse (Mississippi, Arkansas, Missouri). Früh seßhaft, bedeutende Kulturen wie die *Mound*-Kultur.

(5) Westküstenindianer. Kleinere Gruppen, recht unterschiedlich, was geographisch bedingt ist.
Korbflechter Kaliforniens, Fischer in den feuchten Nordwestgebieten des Columbia River (heutige US-Bundesstaaten Oregon und Washington).

Die Reste ihrer stolzen Völker kann man heute in Indianerreservaten sehen und für Dollars ablichten. Oft sind dabei gar keine ursprünglichen Zusammenhänge gewahrt. Diese „Stämme“ sind überwiegend bunt durcheinandergewürfelt. Das bewirkten

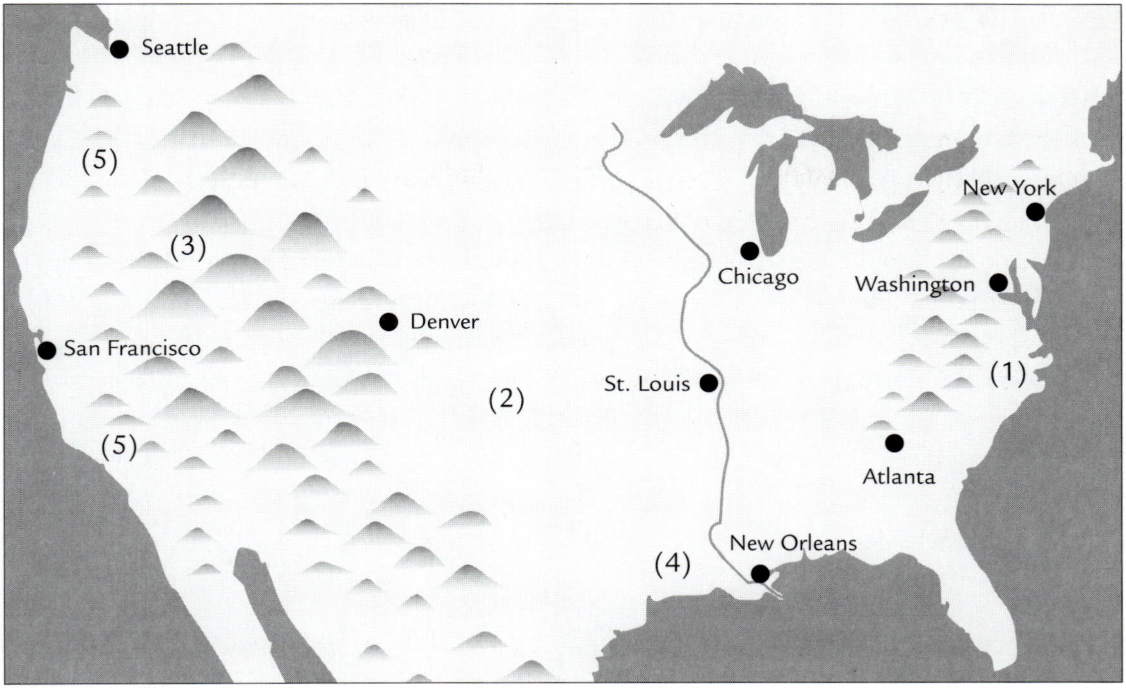

Beschlüsse meist unkundiger Regierungen und falsch informierter oder eigennütziger „Sachverständiger“. Sie schufen auch nach dem „Sieg“ der Weißen über die Indianer Haß, bisweilen auch nur stumpfe Ablehnung.

DER INDIANISCHE OSTEN

Vielerlei Indianergruppen fanden die ersten weißen Ankömmlinge (meist Engländer oder Franzosen) auch in den Ostteilen von Nordamerika. Im Gebiet der Großen Seen (Irokesen) genauso wie in Florida (Seminolen). An Bedeutung kommen diese Gruppen den Stämmen der Plains-Indianer nicht gleich. Auch sie stellen eher Großfamilien als kriegerische Verbände dar.

Bereits 150 Jahre nach Ankunft der Weißen an der Ostküste gibt es keine Indianergruppen zwischen Küste und Appalachen-Gebirge mehr. Das bezeichnete Gebiet hat immerhin eine Breite von 400–500 km und durchmißt von Norden nach Süden mehr als 2000 km. Was von den Weißen eingeschleppte Seuchen (Masern, Tuberkulose) nicht geschafft hatten, das bewirkten dann Gewalttaten.

Trotz enger Verwandtschaft der urspünglichen Amerikaner, die vor relativ kurzer Zeit erst eingewandert waren, zeigten sich

Beispiele für ihre Vielfalt in Lebensweisen und Anschauungen, was teilweise durch unterschiedliche Umwelt bedingt war. Trotzdem können wir ganz wesentliche Gemeinsamkeiten feststellen.

DOCH: DIE INDIANER

Eines bildet jedoch ein gemeinsames Zentrum: die enge Verbindung zur Natur, die ja auf die Einwanderungszeit zurückgeht. Das ist deswegen wichtig, weil indianische Macht, also auch Medizin, aus der Natur abgeleitet wird, wie man im folgenden erkennen kann. Das gilt für physische Macht, also Körperkraft, ebenso wie für psychische. Beide können magische Züge tragen. Die psychischen, spirituellen Kräfte führen den Begriff „Medizin“ bereits ein. Für alle Indianer ist Medizin ein zentrales Thema des Alltags. Sie bildet die eigentliche Lebensgrundlage. In einem spezielleren Sinn wird die Medizin dann zu Heilkraft und auch Heilkunst. Das werde ich noch genauer beschreiben. Hier läßt sich praktischer Nutzen auch für unseren Alltag gewinnen.

DER BEGRIFF MEDIZIN

Auch heute verstehen wir Unterschiedliches bei diesem Begriff.
Medizin kann für die medizinische Wissenschaft als ganze stehen. Wir sagen dann: Die Medizin hat schon viel geleistet, oder sprechen über einen Nobelpreisträger im Fach Medizin.
Gleichzeitig ist der Begriff auch unter der Bedeutung Arznei geläufig: Hast du heute schon deine Medizin genommen?
Auch die Indianer kannten für Medizin mehrere Bedeutungen. Das soll bereits hier in aller Kürze angesprochen werden. So erhalten Sie noch ohne genaue Kenntnis der Zusammenhänge eine Art Arbeitsgrundlage zum besseren Verständnis der folgenden Seiten.
Medizin ist für Indianer zunächst jede Kraft in der Natur. Es gibt demzufolge sehr viele Kräfte, wie Berge, Wälder, Steine, Bäche, Tiere, Pflanzen und vieles mehr.

Für den Menschen bedeutsam bleibt, diese Kräfte an sich zu ziehen, zu kontrollieren und über sie zu verfügen. So bedeutet Medizin auch Kraft, die aus der machtvollen Natur abgeleitet und angewendet wird.
Diese Kraft kann auch vielfältig benutzt werden. Sie hilft unter bestimmten Voraussetzungen Kranken. Dabei kommen wir schon jener Bedeutung von Medizin nahe, die uns als Heilkunst geläufig ist.
Den weiten Bogen von der allgemeinen Naturkraft über deren gezielte Nutzung zugunsten des Menschen bis hin zur Heilkunst spannt das vorliegende Buch. Ein Teil der Medizin ist nicht ohne den anderen denkbar.

Im folgenden werde ich versuchen, die unterschiedlichen Bedeutungen aus Gründen des besseren Überblicks zu trennen. Denken Sie aber bitte immer im Hinterkopf an die eben gelesenen Ausführungen zur Ganzheit der Medizin.

WIE IST DIE WELT?

Verschieden, ja sehr verschieden sind die Geschichten, welche unterschiedliche Indianergruppen erzählen: über die Welt, ihre Entstehung, das Auftauchen der Menschen, über Götter, gute und böse Geister. Die lange nur mündliche Überlieferung ist heute glücklicherweise auch in fundierten wissenschaftlichen Werken erfaßt. Dabei ist vieles „frisiert“, was selbst in Indianergebieten vorgezeigt und erzählt wird. Geschäftstüchtige wissen um die zunehmende Begeisterung von Amerikanern und Europäern. Sie sind dann gerne bereit, allgemeine Vorurteile oder Erwartungen zu erfüllen. Ich habe immer wieder dabei festgestellt, daß damit nicht schlecht verdient wird. Sich einen guten Überblick zu verschaffen, ist schwierig. Es gibt sehr viele Geschichten, manche variieren ein Thema, andere widersprechen einander. Das hängt mit den unterschiedlichen Indianergruppen zusammen. Die zentralen Aussagen ähneln sich – sie kommen in der Natur zusammen. So will ich einige Hauptrichtungen indianischer Geschichten kurz ausführen, weil sie die entscheidende Lebensgrundlage bilden. Ein charakteristischer indianischer Ausspruch über einen tölpelhaften Menschen besagt: Der Arme. Man hat ihm keine guten Geschichten erzählt.

DIE GESCHICHTEN

Die Vielfalt indianischen Lebens erzeugte viele Geschichten. Diese unterscheiden sich teilweise, teilweise widersprechen sie einander sogar. Das verwundert wenig, denn die weitgehende Unabhängigkeit der verschiedenen indianischen Gruppen wurde bereits betont.

Andererseits müssen wir uns von unseren abendländischen Vorstellungen freimachen. Unsere Theologen versuchen seit Jahrhunderten möglichst schlüssige Antworten auf Fragen zu geben, die den menschlichen Horizont übersteigen.

Unsere Philosophen entwerfen scharfsinnige Denkmuster, die „logisch" zu sein haben. Ein Gedanke wird aus dem anderen entwickelt. Wir nennen es folgerichtig und lernen das von Kindesbeinen an.

Diese Welt übertragen wir eigentlich unberechtigt auf die ganz andere der Indianer. Indianer, gleich welcher Herkunft, haben keine Schwierigkeiten mit scheinbaren Widersprüchen in ihren Geschichten.

Die eine Überlieferung spricht von einem Weltaufbau, der nicht zu dem in einer anderen paßt. Kein Indianer käme auf die Idee, hier einen Widerspruch im „System" zu sehen. Umfangen von der Natur, kennen sie doch so viele Spielarten.

Ein Jahr trägt ein Baum reiche Frucht, im anderen nicht. Ein Jahr bringt Dürre, im anderen feiert man eine riesige Ernte. Unterschiede – die Natur bleibt gleich. Es gibt auch keinen Götterhimmel, geordnet wie bei den alten Griechen, es finden sich keine Heiligen, die ihre genauen Bereiche und Aufgaben haben.

ÜBERLIEFERUNG

Trotzdem wird die Tradition sehr ernst genommen. Sie gilt mehr als bei uns als die Grundlage des Lebens. Daran ändert ihre manchmal widersprüchliche Vielfalt nichts. Sehr viele Indianergruppen glauben an die Stärke der Überlieferung. Deshalb teilen sie außerhalb ihrer Familien nur ungern die Worte der Tradition mit. Sie fürchten, auf diese Weise an innerer Kraft zu verlieren.

Wie kommen wir nun an diese Überlieferung? Das genau auszuführen, wäre eine lange Geschichte, so interessant sie sein mag. Seit Jahrhunderten, von den ersten Spaniern auf dem Boden der Neuen Welt bis zu den amerikanischen Forschern der jüngsten Zeit, werden Informationen zusammengetragen. Diese ganz unterschiedlichen Berichte vermitteln uns ein recht buntes Bild.

Es ist wie bei einem Puzzle: Jede Geschichte entspricht einem Einzelteil. Wir müssen uns nur hüten, irgendwann ein „fertiges" Gesamtbild zu erwarten. Freilich gehört eine Reihe von Puzzleteilen zusammen. Man erkennt da Verbindungen von Farben und Formen – wie bei den Geschichten. Aber alles zusammen ergibt eben keine von Teil 1 bis Teil 1000 durchgehende Harmonie.

COYOTE

Ein gutes, auch recht verbreitetes Beispiel für die „Unlogik" der Indianergeschichten gibt die Figur *Coyote*.
In vielen Erzählungen taucht er bereits vor Beginn der Welt auf, an der Seite des *Weltschöpfers*. Letzterer trägt regional verschiedene Namen wie *Alter Mann* oder *Beseelender Geist*. Diese Einzelheiten sind hier nicht wichtig.
Der Schöpfer tut seine Arbeit. Dabei entstehen verschiedene Welten. Hier beginnt der große Unterschied bei den Indianerstämmen: Die Zahl der Welten, deren Besiedelung und Ablauf werden sehr vielfältig erzählt. *Coyote* hilft jedenfalls dem Schöpfer bei seiner Arbeit. Gleichzeitig versucht er den Schöpfer zu übertrumpfen, was ihm aber nicht gelingt. Er sieht das ein, versucht aber immer wieder, sich in den Vordergrund zu spielen.
Ebenso gegensätzlich verhält er sich den (späteren) Menschen gegenüber. Zum einen schafft er ihnen Erleichterung in der Welt. So gibt er sinnvolle Erfindungen an sie weiter, mit denen sie beispielsweise besser die Felder bestellen können.
Andererseits gilt er – und das berichten dieselben Indianer – als „Trickster".
Er narrt die Menschen, treibt mit ihnen Schabernack. Dabei kann die Sache auch böse, sprich tödlich, für die Menschen ausgehen. Häufig tritt *Coyote* wie ein Clown auf – er beginnt sein Spiel. Es scheint eine bestimmte Richtung zu nehmen. Plötzlich ändert sich alles, aus skurrilem Spaß wird blutiger Ernst oder auch umgekehrt: Eine vermeintliche Bedrohung entpuppt sich als harmlose Szene.
Letztlich bleibt *Coyote* unberechenbar.
Für einige Indianergruppen verhält sich *Coyote* so bizarr, weil er der jüngere Bruder von *Wolf* ist. Der spielt am Anfang der Welt meist keine so große Rolle. Er muß als älterer Bruder (nach logischem Denken) ja schon vorhanden sein. Auf das Treiben des jungen Tunichtguts wirkt er nicht ein.
Auch der *Weltschöpfer* kümmert sich wenig um *Coyote*. Kämpfe, wie in manchen Religionen zwischen Licht und Finsternis, gibt es nicht. *Coyote* ist ja auch nicht wirklich „böse". *Coyote* provoziert, dem Schöpfer ist es letztlich egal.
In verschiedenen Traditionen verschwindet der *Weltschöpfer* nach seiner Aufbauarbeit. Warum wird nicht gesagt. Wir erfahren auch nicht, ob es ihn befriedigt, nach Vollendung des Werkes die Welt Gestalten wie *Coyote* zu überlassen.

MENSCHEN

Manche Geschichten freilich berichten, der *Weltschöpfer* habe auch die Menschen aus Schlamm und Wasser gemacht. Solche Erzählungen sind relativ selten.
Öfter hören wir von *Himmelsfrau*, die ohne Bezug zum *Weltschöpfer* plötzlich auftaucht. Sie irrt umher, bis ihr eine Insel Zuflucht gewährt. Hier gebiert sie eine Tochter – Mutter Erde. Auf der entstehen dann die Menschen.
Mancherorts haben die Menschen mit *Weltschöpfer* überhaupt nichts zu tun. Die Welt ist gebaut, alle Berge, Gewässer und Pflanzen sind vorhanden.
Als einziges Tier langweilt sich *Rabe*. Ihm gelingt es, auf der Suche nach Gefährten eine Muschel zu öffnen. Der entsteigen dann die Menschen.
Wurden sie in der Muschel angelegt? Von wem? Welche Macht des Raben konnte sie in die Welt bringen? Dafür findet man keine Erklärung. Es gibt nur die eine oder andere Geschichte dazu. Die begründen aber auch nicht, sondern führen nur ein paar Einzelheiten genauer aus.

WELT

Bei vielen Indianern der Gegend um Arizona und Neumexiko hat der *Alte Mann* (ich wechsle hier einmal bewußt zu einem anderen Namen des *Weltschöpfers*, um auch da die Vielfalt anzudeuten) die Menschen bereits in eine von vier bis fünf Welten hineingesetzt.
Sie stellen nicht die Krone der Schöpfung dar, sondern leben mit anderen Lebewesen in einer der Welten, die sie vielleicht einmal wechseln. Auch bei den Indianern gibt es das Motiv einer großen Flut, welche eine Welt vernichtet. Manchmal wird diese Welt dann neu aufgebaut, manchmal wandern einige der bedrohten Menschen wie über eine Leiter in ein anderes Stockwerk – eine andere Welt.

STÄTTEN

Bewußt habe ich eine Reihe von Beispielen zumindest angedeutet. Und doch sprechen diese Geschichten nur von einem recht engen Bereich – Welt, Erde, Menschen.
Eine Unzahl weiterer Berichte verdeutlicht, daß auch alles übrige in der Natur von großer Bedeutung ist.
Diese Geschichten (sie gehen wahrscheinlich in die Hunderttausende – es gibt allein etwa 2000 Indianersprachen) berichten von Monstern, Zauberern, Ritualen, Zeremonien und heiligen Stätten. Letztere können von Natur aus mit starkem Zauber ausgestattet sein. Dazu wird nicht irgendwelche Aufbereitung durch Menschen oder eine Weihezeremonie benötigt.

Ein Beispiel hierfür ist *Spider Rock* im Canyon de Chelly. Zwei fast senkrecht aufsteigende, gewaltige, unten zusammenhängende Steinsäulen ragen vom Canyonboden in den Himmel. Hier sitzt nach der Tradition der Navajo-Indianer die *Spinnenfrau.*
Auch sie hat zwei Gesichter: Ihr gutes webt, damit die Menschen entstehen. Für einige Stämme gibt sie gute Ernten und Regen. Aber die Navajos weisen auch auf ihre bösen Eigenschaften: Sie verschlingt unfolgsame Kinder. Deren Leichen haben die Spitze des Spinnenfraufelsens weiß werden lassen, im Gegensatz zum rötlich gefärbten Sockel. Tatsächlich sehen wir den Felsen noch heute in der geschilderten kontrastierenden Farbanordnung.
Das Beispiel zeigt wieder die Unberechenbarkeit von Gestalten der Indianermythologie. Es zeigt aber auch, wie die Natur und deren Beobachtung Indianergeschichten entstehen ließen, welche die Tradition begründeten.
In der Natur wurden auch heilige Stätten von Menschenhand, also Indianern angelegt. Eine ausgedehnte Anlage dieser Art fand man in Cartersville, im US-Bundesstaat Georgia. Dort bilden sogenannte *mounds* eine Art Tempelpark. *Mounds* sind begrünte Erdhügel, die wie unterirdische Häuser ausgehöhlt sind. Die Verehrung kennt wieder viele Geschichten dazu.
Ganz natürlich bezieht sie sich auch auf die Gestirne. Sonne und Mond stehen mancherorts im Zentrum von überlieferten Erzählungen, aber bei weitem nicht so oft, wie man dies bei Naturvölkern erwarten könnte.
Die indianischen Kulte spiegeln das Leben der jeweiligen Gruppen wider.
Stämme, die mit Jagd zu tun hatten, erzählen Geschichten, wie Bären das Überleben hungernder Menschen ermöglichten. Damit rechtfertigen sie ihre Lebensgrundlage, die Jagd. Aus diesem Grunde wurde der Bär hier besonders verehrt.

RITUALE

Indianer, die als Pflanzer lebten, sprechen dagegen von *Selu*, dem Maismädchen. Als Mutter der ersten Menschen stellt sie ihren Kindern den eigenen Körper als Nahrung zum Überleben in schwieriger Zeit zur Verfügung.
Diese enge Beziehung zwischen Nahrung und Arterhaltung findet sich natürlich in einer Reihe von Ritualen und Zeremonien, also religiösen Festen. Sie gestalten sich so vielfältig, daß ich auch auf eine ungefähre Darstellung verzichten muß.
Immerhin verstehen wir, daß die Pflanzer das Maismädchen in den Mittelpunkt ihrer Bitten um eine gute Ernte stellten. Indianische Jagdverbände hingegen bevorzugen Tierrituale, etwa die Adler- oder die Bärenzeremonie.

MONSTER

Die Abhängigkeit von der Natur und ihren Gaben bildete aber nicht nur Geschichten, die dann in Festen religiöse Bitten oder auch Dank (wie unser Erntedankfest) formulierten.

In den fruchtbaren und wildreichen Landschaften Nordamerikas gab es mit Unwettern, Krankheiten und Übergriffen anderer Indianer genug Widrigkeiten. Hier waren ebenfalls Geschichten gefragt.

Es sind Erzählungen von Monstern. Der „trickster" *Coyote* treibt oft Schabernack, bei dem man mit einem blauen Auge davonkommt. Wirkliche Monster verhalten sich fast immer feindselig-bösartig und zielen auf die Zerstörung des Menschen und seiner Habe. Ihr Bild wechselt mit den unterschiedlichen Besiedlungsgebieten.

So erschreckt ein Seemonster die Küstenindianer des Nordwestens.

Interessanterweise erzählen die Wüstenindianer des Great Basin nicht nur von Schlangenmonstern. Die Schlange nimmt dort ähnlich dem Kojoten eine ambivalente Rolle ein. Sie ist ein Mittelding zwischen freundlich und feindlich, genießt aber durchaus Verehrung. So gilt die Klugheit der Schlange als Grundlage für den Weitblick bei Entscheidungen.

Man versuchte diese Kraft als Medizin für sich zu nutzen. Der Schlangentanz der Hopi etwa war ein Ritual, bei dem die Tänzer ekstatisch mit (wirklich giftigen) Klapperschlangen in den Händen tanzten. Die besondere Behandlung der Schlangen, die nur in Ausnahmefällen bissen, belegt wieder den Wunsch der Indianer nach Verbindung mit den Kräften der Natur, aus denen Medizin erwächst.

Doch Schlangen konnten auch töten.

Davon sprechen Erzählungen über die Bedrohung des Menschen durch Schlangenmonster.

Die Wüste kennt aber auch Wassermonster. Wie kann das erklärt werden? Möglicherweise treffen wir hier auf uralte Erinnerungen der großen Einwanderung, die ja Meere kennengelernt hatte und große Flüsse kreuzte.

An die Tage, als das Great Basin noch ein Ozean war, also viele Jahre früher, fehlt natürlich jede menschliche Erinnerung, die sich in solchen Geschichten bündeln könnte.

NOCH MEHR GESCHICHTEN?

Mittlerweile sind viele Geschichten angesprochen worden. Die hier wichtige Aussagen benötigen nicht den Einzelinhalt all dieser Erzählungen. Andererseits habe ich vielleicht mit dieser kurzen Darstellung etwas Appetit gemacht.

Wer sich für mehr und vor allem ausführlichere Geschichten interessiert, dem will ich einige weiterführende Hinweise geben. Die

besten Bücher hierzu sind natürlich in Englisch verfaßt. Es ist sinnvoll, zunächst ein Übersichtswerk zu wählen. So kann man die eigenen Hauptinteressen am besten erkunden. Dann kann man sich nach Lust und Laune in Einzelheiten verlieren.
Doch Vorsicht! Es gibt davon sehr, sehr viele. Manche sind wenig fundiert, sondern eher Erfindungen ihrer Schreiber. Und vergessen wir nicht: Die logische Verknüpfung zu einem Weltbild wird nicht gelingen. Darauf habe ich ja schon hingewiesen. Trotzdem kann man durch Beschäftigung mit den echten Quellen tiefer in die Welt der Indianer eintauchen. Einen kleinen Überblick empfehlenswerter weiterführender Literatur finden Sie am Ende dieses Buches.
Ein Thema wie das der nordamerikanischen Indianer umfaßt selbstredend viele Unterteilungen, die bei verschiedenen Lesern auf unterschiedliches Interesse stoßen.
Wer mehr über die Theorien der Urbesiedelung des amerikanischen Kontinents wissen will, beschäftigt sich vielleicht mit den Korbflechtereien der Indianerstämme überhaupt nicht, obwohl gerade die handwerklichen Techniken viel über Zusammenhänge von Stämmen und über Zeitepochen aussagen können.
Deshalb will ich hier noch einen knappen weiteren Hinweis zu Büchern über die sehr vielfältigen Aspekte indianischen Lebens geben.
Streng wissenschaftliche Werke werden hier wohl am wenigsten gefragt sein, obwohl die Aussagen meines Buches auch wissenschaftlichen Kriterien standhalten. Wer den wissenschaftlichen Zugang sucht ist in der Regel ohnehin mit der einschlägigen Literatur vertraut. Für den Interessierten, der nur einmal „schnuppern" möchte, beschränke ich mich auf den Hinweis zum Handbuch der nordamerikanischen Indianer. Es umfaßt bisher etwa 15 dicke Bände, wurde neu 1978 begründet und wird von dem berühmten Smithonian Institute in Washington D.C. herausgegeben. Es ist in Englisch geschrieben.
Will man Informationen gewinnen, die eingebunden sind in die Ausdruckskraft und das Lebensgefühl der Indianer, so wird man nach Berichten von Häuptlingen, Medizinmännern oder auch jüngeren Indianern Ausschau halten, die vom Leben im Stamm erzählen, zuweil auch überlieferte Geschichten wie in einer Kurzgeschichtensammlung zusammengetragen haben.
Bevorzuge ich kompakte Sachinformation, die etwas trockener dargeboten wird, dafür konkrete Fragen umfassender und gezielter beantwortet, so werde ich mir Sachbücher zum Thema auswählen.

II. MESA
DIE KRAFT

Das Leben gleitet, im Rad des Seins.
Ent-gleitet es uns?
Überall ist die Medizin, denn sie führt.
Führung ist auch der Halt im rechten Augenblick.
Halt – wie etwas Festes,
Halt – wie ein Stillstand zu besinnen.
Einhalten – und ich spüre Medizin.
Kraft aus vielen Kräften gebündelt.
Bereit, nicht verfügbar für alle.
Sie weist den Weg. Mehr noch – sie bedingt.
Nutze die Kraft, die reiche!
Ganz in ihrer Vielfalt kann sie keiner be-nutzen.
So wähle denn klug, nimm deinen Teil.
Zu viel nicht, auch nicht zu wenig – der Natur nach,
und gib dir die Medizin
für das Rad deines Lebens.

DIE BEGEGNUNG MIT DER NATUR

Das Gleichgewicht von Natur und Mensch als einem ihrer Geschöpfe spielte für die Indianer fast aller Regionen eine entscheidende Rolle. Dabei drückt sich die Nähe zur Natur als Segen oder als Bedrohung aus.
Der Jahresablauf von Familien, Clans, Gruppen und Stämmen (hier ist wieder bewußt die Vielfalt angesprochen) richtete sich an der Natur aus. Verehrungswürdige Stätten lassen an unsere Feldgottesdienste denken – gleich ob die Verehrung Landschaft wie Berge oder Wälder betraf oder die von Menschen in der Natur geschaffenen *Mound*-Anlagen.
Unvorhergesehene Begegnungen gab es natürlich auch: Die „Medizin" einer Schlange oder eines anderen Tieres wurde bereits erwähnt.
Wiederum ranken sich Geschichten um das überraschende Zusammentreffen mit außermenschlichen Naturkräften.

Einige kleinere Indianergruppen des Südens erschrecken vor *stone-man*, einem schrecklichen Monster, das sich oft in Verkleidung einer alten Frau in die Dörfer schleicht und Schaden bringt. Seine Kraft ist so stark, daß zur Abwehr Schamanenhilfe nötig wird.
Um die indianischen Ansiedlungen vieler Gegenden herum bewegen sich die „kleinen Leute". Diese Überlieferung findet sich im Norden Kanadas ebenso wie in der Sumpflandschaft Floridas oder den Bergen der Rockies.
Koboldähnlich erscheinen sie nicht selten in weißen Gewändern. Oft verhalten sie sich gegenüber den Menschen scheu. Sie fühlen sich zu Kindern hingezogen, können aber auch recht böse werden. Einige Geschichten erzählen von Entführung und anschließendem Tod der Kinder. Andererseits finden wir Berichte über die kleinen „Leute", wie sie Kinder zu Medizinmännern ausbilden.

KRAFT AUS DER NATUR

Diese Art der Kindererziehung ist ein Beispiel von vielen, wie Menschen aus den Kräften der sie umgebenden Natur Nutzen ziehen. Die Mächte der Natur sind jedem Indianer geläufig. So verschieden ihre Geschichten auch sein mögen, hierin haben sie das gemeinsame Grundthema.

Eine zentrale Frage lautet nun: Wie kann der einzelne bestimmte Kräfte aus seiner Umgebung ableiten, selbst beherrschen und damit anwendbar machen? Dies bedeutet zum einen Vorteile für den Clan im Überlebenskampf. Außerdem unterstreichen solche Fähigkeiten die Bedeutung

ihres Trägers. Wer vor den Augen der anderen über Kräfte der allmächtigen Natur verfügt, ist „natürlich“ stark.
Das Symbol solcher Macht wird im allgemeinen „Medizin“ genannt Man kann die Kraft selbst (die ja unsichtbar ist) ebenso „Medizin“ nennen.
Medizingegenstände versinnbildlichen diese Kraft. Solche Symbole können Bärenzähne, Rasseln, Wieselhaut, Knochen, Hölzer und vieles mehr sein. Meist erinnern diese Gegenstände daran, wie ihr Träger die Macht erreichte. Selten geschieht das durch Eingebung, also passiv. Überwiegend wird aktives Handeln verlangt. So wird manche Medizin unter großen Gefahren erworben. Mitunter prägt eine besonders mutige Tat den Namen des Medizinträgers.

ORDNUNG DER MEDIZIN

Jedes (männliche) Stammesmitglied:
Vision, gewollt: Vorbereitungen, Übungen (*vision quest*)
Vision, ungewollt: Erscheinung, Traum
Verarbeitung: eigenständig, bei Schwierigkeiten

Medizingesellschaft:
Mitglieder als Angehöriger einer bedeutenden Familie
bedeutsame Stellung im Stamm
besondere Leistungen
allgemeine Wahl

Medizinmann:
- häufig Mittelpunkt einer Medizingesellschaft
- geschulter Arbeiter an der Medizin
- je nach Stamm unterschiedlicher Zugang zu dieser Tätigkeit, von offizieller Lehre bis visionärer Berufung
- häufig Spezialgebiet, selten ähnlich vielfältig wie Schamanen

Schamane:
- übergeordnete Persönlichkeit
- Kenntnisse eines Medizinmannes oft Voraussetzung
- zusätzlich besondere Einsichten: klarer Blick
  Leben in Balance
- Berater und Heiler für schwierige Situationen, priesterliche Funktionen

DIE SPEZIALMEDIZIN

Medizin bedeutet dabei nicht, daß ihr Träger seine Kraft allgemein anwenden kann. Wer beispielsweise einen Bären tötete, verfügte über Ansehen bei der Jagd. Seine Medizin (etwa die Zähne des erlegten Bären) weisen ihn als Experten aus und geben ihm psychologischen Rückhalt. Diese Medizin wird aber versagen, wenn der Stamm bei anhaltender Dürre Regen herbeisehnt.
Jetzt braucht man eine Medizin eines Mannes, der beispielsweise vor Jahren einem Mannbarkeitsritual ausgesetzt war. Dabei blieb er ohne Nahrung über Tage und Nächte in der Natur. In dieser Lage wurde ihm der Eindruck der Elemente hautnah vermittelt. Erschöpft durch Hunger, Durst und ständige Anstrengung, geriet er in Trance und träumte von Wolken und Regen. Solche Trauminhalte als Ausdruck einer inneren Schau wurden von allen Indianern sehr ernst genommen.
Wir werden noch darauf zurückkommen, denn die Psychoanalyse unserer Tage beschäftigt sich ja bevorzugt mit dem Traum. Dabei geht es auch um Erkennen und Behandeln von Krankheiten.
Der Traum vom Regen in dem genannten Beispiel kann ausreichen. Meist muß noch ein weiterer Hinweis die Selbstschau unterstützen. Das kann ein auffällig geformter Stein an einem Flußlauf sein, den der Träumer bald nach dem Erwachen findet. Er behält ihn dann als seine Regenmedizin. Diese Regenmedizin wird er dann im Bedarfsfall einsetzen. Sie nützt ihm natürlich nichts, wenn er Jagderfolg sucht.

EINE MEDIZIN FÜR ALLES

Bedeutende Persönlichkeiten können durchaus umfassendere Kräfte und damit weiter gefaßte Medizin besitzen.
So können Jagdglück und Wettereinfluß verbunden sein. Die Medizin erfaßt in solchen Fällen meist noch andere Bereiche. Fast immer verfügt sie über Heilkraft. Dieser Teil entspricht dann unserem Sprachgebrauch für „Medizin". Bei den Indianern kennt man auf diesem Feld unterschiedliche Grade. Auch ausgebildete Medizinmänner haben eventuell nur die „Zulassung" für bestimmte Krankheitsbilder. Der ausgebildete, aber nicht zu allem befähigte Medizinmann muß erst untersuchen und prüfen, ob er der Situation gewachsen ist. Nach indianischer Auffassung stellt es einen Verstoß gegen die Balance der Weltordnung dar, wider besseres Wissen und bei unzureichender Kraft eine Heilung anzugehen. Böse Mächte werden den Überheblichen bestrafen.
Trotz dieser strengen Regeln kennen wir Beispiele von Selbstüberschätzung. Sie werden häufig – wie bei uns auch – von persönlicher Eitelkeit geleitet.

Die Grundlage der Medizinkraft

Medizin und damit bestimmte Kräfte zu erwerben, wurde von jedem jungen Indianer erwartet. Dafür wurden besondere Zeremonien und Rituale veranstaltet.
So gab es mancherorts zunächst Feiern mit ekstatischen Tänzen, gelegentlich auch mit folterartiger körperlicher Mißhandlung. Sie sollten die Probanden zunächst physisch belasten. Dann setzte man die jungen Männer allein der Natur aus. Die Trance verhalf ihnen in diesem Zustand oft zu Gesichten, die ihr weiteres Leben entscheidend prägten. Bisweilen kamen die jungen Indianer bei den Folterungen oder in der Wildnis zu Tode.
Das wurde gleichgültig hingenommen, da man in ihrem Tod nur einen Wechsel der Welten sah. Manche deuteten so tragische Ereignisse sogar als etwas Besonderes.

Die Stufen der Medizin

Die unterste Stufe gehörte zur indianischen Ausbildung wie bei uns der Schulbesuch: irgendeine Medizin zu erwerben. Meistens unterwiesen Familienmitglieder die Knaben an der Grenze zum Erwachsenenalter. Das lag im allgemeinen um das zwöfte Lebensjahr. Mädchen waren für den Erwerb einer Medizin nicht vorgesehen.

Interessanterweise finden wir aber bei einer Reihe indianischer Stämme ausgesprochen mächtige Medizinfrauen und Heilerinnen. Sie sind sozusagen „Quereinsteigerinnen". Damit müssen sie nicht die Leiter der Medizin Stufe für Stufe erklimmen. Bei entsprechender Eignung können sie auf hoher Stufe beginnen. Das ist faszinierend und für die indianische Welt recht bedeutend. Deswegen wird später von diesem Thema noch ausführlicher zu sprechen sein.
Kehren wir zum Durchschnitt zurück: Das entscheidende Stichwort in der Ausbildung der oben erwähnten Knaben heißt *Vision (vision quest)*. Jeder junge Mann sollte hier die Grundlage seines Lebens, seine persönliche Kraft = Medizin erfahren.

Medizingesellschaften

Über den ganzen nordamerikanischen Kontinent verteilt finden sich Medizingesellschaften bei Clans und Stämmen. Wer Mitglied sein wollte, mußte meist mehr vorweisen als die „einfache" Medizin, wie sie für jedes Stammesmitglied erstrebenswert war. Die Mitglieder entstammten einer bedeutenden Familie, hatten Überdurchschnittliches für den Clan geleistet oder wurden mancherorts auch in eine derartige Elite gewählt.
Eine Medizingesellschaft hielt Tagungen ab, organisierte Feste und unterhielt manchmal auch eine eigene Tagungshütte, wie Über-

lieferungen aus dem Gebiet der Großen Seen zeigen. Hier wurden dann Krankenheilungen durchgeführt.
Die Behandlung Kranker bildete einen wichtigen Zweck innerhalb der Medizingesellschaft. Die meisten Mitglieder waren nur mit Formalitäten dafür beschäftigt und organisierten in erster Linie den Ablauf einer Heilungszeremonie. In ihrem Mittelpunkt stand ein ausgebildeter Medizinmann, der auch ein Schamane sein konnte. Auch Frauen bildeten – selten – Medizingesellschaften. Das findet man bei den Huronen oder auch bei Schwarzfußindianern.
Die Rolle des Medizinmannes gerade in Abgrenzung zum Schamanen ist schwierig zu beschreiben. Manchmal werden beide Begriffe gleich gebraucht, was nicht richtig ist.

MEDIZINMÄNNER

Ein Medizinmann hat immer größere Macht als der Besitzer einer Einzelmedizin, also der Durchschnittsindianer. Aber auch seine Macht ist durchweg beschränkt, er gilt damit deutlich weniger als ein Schamane.
Manchmal führt der Medizinmann Heilungen durch, wie das schon anklang. Die dafür benötigten Heil- und Hilfsmittel läßt er durch einen „Medizinmacher“ bringen. Dieser verfügt über weniger Kraft als der Medizinmann, er ist aber bei der Suche von hilfreichen Pflanzen geeigneter. Besonders ausgeprägt findet sich diese Rollenverteilung im Südwesten der USA und in Mexiko, wo *curanderos* und *curanderas* (hier gibt es viele erfolgreiche Heilerinnen) sehr spezialisiert arbeiten.
Heilungen durch den Medizinmann werden oft durch Mitglieder der Medizingesellschaft unterstützt. Sie sind nicht grundsätzlich bei der Behandlung anwesend. Der Medizinmann teilt sie nach einer Art Stundenplan ein. So versammeln sie sich zu im Heilungsplan festgelegten Zeiten zu Zeremonien wie dem weitverbreiteten Bärentanz. Dessen Kraft wird über den Bären von überirdischen Mächten abgeleitet, zum Beispiel von der Sonne im Stamm der Pawnee. Der Bärentanz zeigt auch die Vielfalt der Medizintätigkeit. So gibt es einen eigenen Kult der Bär-Medizinfrau. Ebenfalls der Krankenbehandlung gewidmet, versteht er sich als Geheimkult. Manche Spielarten des Mysteriums sind bekanntgeworden, genaue Kenntnis besitzen wir jedoch bis heute nicht. Offiziell werden die Originalzeremonien seit Jahrzehnten nicht mehr durchgeführt. Es gibt aber Hinweise, daß im Zuge der „indianischen Renaissance“ auch dieser Mysterienkult hier und da wieder auftaucht.

Im Bärenkult zeigt sich noch eine andere Seite der Medizingesellschaften. Wie ein Club blieben sie den Mitgliedern vorbehalten. Aber man trat nach interner Planung durchaus an die Öffentlichkeit mit der Darstellung solcher Kulte. Das zielte nicht auf Angabe. Das vor den Augen des ganzen Stammes würdig gestaltete Ritual sollte über die Kraft seiner Medizin der gesamtem Gruppe nützen.

Recht selten finden wir wirklich geheime Medizingesellschaften. In Kalifornien gab es unter dem Begriff *Kuksu* ein Tanzritual, das Eingeweihte unter Ausschluß anderer Stammesbrüder vollführten. Aber auch hier beabsichtigte man, Wohlstand und Gesundheit für alle zu beschwören. Die Tänzer schnitten verständlicherweise besonders gut ab, wenn ihr Ritual dem Stamm Gewinn brachte.

Medizinbündel

Geheimkulte blieben die Ausnahme, auch wenn die herkömmlichen Medizingesellschaften unterschiedliche Kontakte zur Öffentlichkeit wahrnahmen. Allgemein war das Medizinbündel besonders wichtig.

Sein Inhalt konnte recht verschieden aussehen. Fast immer handelte es sich um eine Sammlung von Einzelmedizinen, also Steinen, Pflanzen oder Tierresten. Gelegentlich wurde auch ein menschlicher Skalp zugefügt. Ihm wurde keine Bedeutung zugemessen, weil es sich um den Teil eines Menschen handelte. Allein seine Herkunft, also die „Geschichte" um ihn herum, konnten den Skalp aufwerten. Fehlte die, so war jeder Erdbrocken bedeutungsvoller, sofern er „Geschichte" hatte.

Solche Sammlungen galten als besonders wirksame Medizin. Im Bündel wurden die Gegenstände gerade für die Krankenbehandlung wie in einem Notfallkoffer vereint.

Wegen der großen Bedeutung für den gesamten Stamm durften nur besonders Zuverlässige das Bündel betreuen. Es war zwar allen Clanmitgliedern zugänglich, aber nur mit Überwachung. Lediglich menstruierende Frauen galten als tabu. Bewährte ältere Frauen verwalteten bei manchen Stämmen das Bündel im Wechsel mit Männern.

Mit ganz wenigen Ausnahmen verfügt ein Mann über das Medizinbündel in letzter Instanz. Bei Fehlanwendung kann ihm auch das Bündel entzogen werden. Eindeutig im Vordergrund stand jedoch das spirituelle Element. So war es durchaus üblich, Pflanzen- oder Tierbestandteile auszutauschen, wenn sie verrotteten. Sie wurden durch vergleichbare Symbole ersetzt. Die Medizinkraft leitete sich also nicht von einem bestimmten Gegenstand ab. Die Stärke des Medizinbündels lag für alle im Symbol, das überirdische Kräfte band.

DIE SCHAMANEN

Im folgenden soll der bereits aufgezeigte Unterschied zwischen Medizinmann und Schamane noch ausgeführt werden. Sie werden dann verstehen, warum der manchmal für beide benutzte Ausdruck „Medizinmann“ nicht zutrifft.

Medizinmänner erhalten eine Art Handwerksausbildung. Natürlich unterziehen sie sich wie andere junge Männer ihres Clans dem Visionsritual, um eine Medizin zu erwerben. Dann können sie sich – wie in Kalifornien – bei einem praktizierenden Medizinmann anmelden wie für eine Lehrstelle. Ohne weitere Bedingungen übernimmt der Medizinmann die Ausbildung, die meist Jahre umfaßt. Er ist aber berechtigt, an jedem Punkt der Lehrzeit seinen Schüler ohne Angabe von Gründen zu entlassen. Schamane kann man durch diese Art der Ausbildung nicht werden. Schamanentum ist vereinfacht gesagt „Berufung“.

Ein Schamane muß vieles beherrschen, was auch der Medizinmann lernt. Die Leitung von Ritualen gehört ebenso zu seinen Aufgaben, wie Kranke erfolgreich zu behandeln. Die Techniken, die ein Schamane anwendet, sind ekstatischer als die „gewöhnlicher“ Medizinmänner. Häufig wird im Trancezustand geheilt. Wegen ihrer spirituellen Verbindungen kann man Schamanen durchaus „Geistheiler“ nennen. Dieser Begriff wurde zwar durch modische Scharlatane verwässert. Aber im Zentrum seines Wirkens steht für den Schamanen die Vermittlung zwischen spiritueller Welt und Mensch. Schamanen müssen sich also deutlich von ihren Mitmenschen unterscheiden. Sonst wäre es nicht möglich, überzeugend durch geistige Kraft auf Leute der Umgebung zu wirken.

Der Schamane zielt auf die richtige Balance im Inneren des Menschen. Normale Menschen haben Schwierigkeiten, bei Verlust dieser inneren Ausgeglichenheit sie wieder zu erreichen. Hier hilft der Schamane mit Kräften aus anderen Welten, mit denen er im Gleichgewicht lebt, die aber normalen Menschen nicht zugänglich sind.

DIE ÄLTESTE RELIGION DER WELT

Schamanen werden von manchen Forschern als Arztpriester der ältesten Religion der Welt bezeichnet. Sie meinen damit auch, daß diese heiligen Männer (es gibt keine Schamanenfrauen, aber Transvestiten, davon später) nicht von Indianern erfunden wurden.

Man trifft auf sie in Sibirien. Dort hüteten

sie uralte religiöse Kulte mit Natur- und Tierverehrung. Auch in Sibirien waren sie als Heiler tätig.
Der Bezug zu den nordamerikanischen Indianern ist damit offensichtlich. Die Schamanen kamen mit ihren asiatischen Clans in die Neue Welt.
Ohne wesentliche Ausnahme gehört die „Berufung" zum Schamanen. Das ist kein Augenblickserlebnis wie die Bekehrung des Saulus zum Paulus vor Damaskus.
Freilich, am Anfang steht etwas Auffälliges. Zum Beispiel eine schwere Krankheit oder ein besonderes Verhalten innerhalb der Indianergruppe. Schamanen beschreiben auch Stimmen, deren Bedeutung sie zunächst nicht kennen. Diese Dinge unterscheiden sich jedoch nicht besonders von *Visionen*, die auch andere junge Indianer aufnehmen.
Der künftige Schamane wird jedoch aufgrund seines Verhaltens oder einer Schilderung seiner *Vision* durch einen Erfahrenen ausgewählt. Es geht also genau andersherum als beim Medizinmann mit seinem „Lehrlingsvertrag". Dieser wählt ja den Meister von sich aus.
Neben praktischen Übungen der Konzentration wie auch Anleitungen zum Heilen Kranker erlernt der künftige Schamane die Tradition. Er erfährt viel mehr, als seine Stammesgenossen von den öffentlichen Zeremonien her darüber wissen. Man führt ihn in Hintergründe und Zusammenhänge indianischen Lebens ein, über die nur ganz wenige, wenn überhaupt ···, Bescheid wissen. Kaum einer der Alten in einer Medizingesellschaft hat je solche Einblicke in die Ordnung der Welten erfahren.
Bewährt sich der Schamane, wird er sogar von älteren Lehrern als einziger Träger der tiefsten Stammesgeheimnisse erwählt. Diese schließen Kunde von den spirituellen Welten ein, die jedem anderen verschlossen ist. Damit ruht das geistige Erbe seines Stammes allein auf seinen Schultern, bis er es wieder weitergibt.
Die Bewährung erfolgt bei langen Wanderungen, allein oder vom Lehrer begleitet. Häufiger fordert der werdende Schamane die *vision quest*, die *Vision* als ein inneres Gesicht.
Die bevorzugten Ziele dieser Wanderungen sind Höhlen, Wälder oder andere Naturerscheinungen, um die sich am besten schon viele Geschichten ranken. Hier kann er in die Tradition seines Volkes eintauchen und seine Kraft vergrößern. Am meisten erfährt er im Schlaf, den ihm die Erschöpfung durch die Wanderungen brachte. Auch mittels Übung erlerntes Versenken in Trancezustände bringt *Visionen*.
Durch diese Erlebnisse und die Unterweisung seines Lehrers lernt er gezielt den spirituellen, d. h. übersinnlichen Helfer anzurufen und auch zu verpflichten, den jeder Schamane hat.

Mit zunehmender Erfahrung wird die ursprüngliche *Vision,* die Stimme oder was sonst das Besondere dieser Lebensbahn kennzeichnet, immer klarer.
Irgendwann sieht der Schamanenschüler ein klares Bild des Lebens. Das kann Jahre dauern. Dann aber erkennt er die Welt nicht nur wie die übrigen Menschen eindimensional. Er sieht die Zusammenhänge mit den spirituellen Welten. Er erkennt wie in einem Spiegel die Wege der Menschen und der Natur. Jetzt ist er sich seines übersinnlichen Helfers gewiß.
Mit diesem Erlebnis ist er ein Schamane. Die Eindrücke sind unabhängig von der Zustimmung seines Lehrers. Ein Schamane legt keine Prüfung ab, er erhält kein Diplom. Aber mit dem Erlebnis der klaren Sicht, das ihn nach Jahren des Lernens und der Mühen zum Schamanen werden läßt, beginnt eine Verpflichtung: „If you enter heaven, you might have to work." Sinngemäß übersetzt heißt das: Wenn du erst den Himmel (das besondere Erlebnis der Klarheit) gesehen hast, mußt du (als Schamane) zu arbeiten beginnen.

DER SCHAMANE ARBEITET

Als Vorstellung unserer Zeit liegt es nahe, nach der „Berufsausbildung" des Schamanen jetzt entsprechende Arbeit zu erwarten. Natürlich „tut" er etwas, wenn er Zeremonien leitet oder Kranke behandelt. Das Verständnis der Schamanen sieht sie jedoch als Künstler, welche Einflüsse und Gedanken des Spirituellen in die Welt des Menschen übertragen. So soll die Balance auch in der irdischen Welt wiederhergestellt werden. Es ist, als komponiere ein Künstler aus der Welt der Ideen ein Bild auf die Leinwand, damit es alle bewundern können.

DAS VERLASSEN DER MATERIE

Das Künstlerische, welches in der Welt des Spirituellen wurzelt, zeigt sich auch in den Flügen des Schamanen. Befähigt durch seine Ausbildung, unterstützt von seinem spirituellen Helfer außerhalb der Menschenwelt, kann der Schamane den Körper als Hülle zurücklassen und Reisen in andere Welten antreten. Sie können ihn auch in sein Inneres bringen oder in die Zukunft. Daraus vermag er Erkenntnisse zu schöpfen, die einzelnen oder dem ganzen Stamm künftig nützen, wenn er in seinen Körper zurückgekehrt ist. Ein Eingreifen von Schamanen während solcher Reisen in die reale Lebenswelt wird nicht berichtet.
Derartige Vorstellungen finden sich in westlichen Religionen kaum. Ein Schamane hat für unser Denken ebenso etwas von einem Arzt und Apotheker wie von einem Psychologen. Gleichzeitig verfügt er über die magischen Züge eines Zauberers.

VOM WESEN DER SCHAMANEN

Die geschilderte Berufung bedeutet den entscheidenden Zugang zum Wesen der Schamanen. Entsprechend ihrer (geographisch) großen Verbreitung gibt es natürlich beim Vergleich verschiedener Stämme und Gruppen auch Abweichungen, wie sie von den Traditionen und Ritualen bekannt sind.

Immer findet sich die zuletzt besprochene Fähigkeit bei Schamanen: Sie können ihren Körper verlassen.

Das hat nichts mit der abendländischen Vorstellung einer Seelenwanderung zu tun, auch wenn es manchmal so beschrieben wurde. Die Fähigkeit, die Seele fliegen zu lassen, eignet nur den Auserwählten, die in der Welt vermitteln können, um den Gleichklang (Harmonie, Balance) wiederherzustellen.

Fast überall gilt die Fähigkeit zur Trance als typisch für Schamanen. Die Trance kann auch außerhalb von Ritualtänzen bewußt erzeugt werden. Oft wird sie bei ärztlicher Tätigkeit eingesetzt. Dem eigentlichen Heilungsakt, der auch als Operation vorgenommen werden kann, geht die Beschwörung mit Heilgesängen voraus.

Die Operation selbst kann wie eine Geisterbeschwörung wirken. In Trance kann sich der Schamane bösen Mächten im Körper des Patienten nähern und sie vertreiben oder zumindest Kontakt aufnehmen.

So stellt er fest, wie am besten auf die schädlichen Einflüsse reagiert werden kann. Nach Erwachen aus der Trance stellt der Schamane dann beispielsweise einen Therapieplan auf.

Die Operation soll auch nach Art asiatischer Wunderheiler stattfinden können. Dabei wird am Körper des Patienten tatsächlich etwas entfernt. Solche Rituale sind weitgehend unbekannt, da hier auch lange mit den Indianern Vertraute nicht zugelassen werden. Im übrigen blieben sie auch früher auf eine kleine Minderheit von Stämmen beschränkt.

DAS ZIEL DER SCHAMANEN

Während seiner ersten Erlebnisse, seiner Ausbildung bis hin zum Erreichen des klaren Bildes nimmt der Schamane seine eigene Person weitgehend zurück. Er überläßt sich Mächtigerem; die übersinnlichen Kräfte machen ihn zu ihrem Werkzeug.

Später nützt er mit dieser Kraft natürlich auch einzelnen. Ein ganz bestimmter Kranker wird ja durch seine Hilfe gesund. Dieser einzelne wird vom Schamanen nur als Teil des Ganzen empfunden.

Die Krankheit drückt ein Ungleichgewicht aus. Der Schamane stellt mit seiner Kunst die Balance wieder her.

Das Wohlergehen des Patienten bleibt hier zweitrangig, auch wenn dem Kranken der

Heilungsprozeß unmittelbar nützt. Bliebe die Krankheit, wäre immer mehr die Balance im Großen, zum Beispiel das Wohlergehen des ganzen Stammes, bedroht.
So bringt eine Einzelperson (wobei der Schamane weitgehend entpersonalisiert ist) einer anderen Einzelperson (dem Kranken) Hilfe.
Nach indianischer Weltsicht erfolgt aber im wesentlichen ein Ausgleich der Weltordnung (der Balance), was in seiner Bedeutung ein Einzelschicksal weit übersteigt.

BERDACHEN

Berdache ist ein Kunstwort, mit dem französische Missionare bestimmte Schamanen bezeichneten. Der Ausdruck leitet sich wohl vom Persischen ab. Dort bezeichnet man mit *Bardag* einen jungen Sklaven. Die Wortwahl zeigt, daß die neuen Kolonisatoren wenig Verständnis für die Stammesrolle der Berdachen hatten. Ein Beispiel aus dem Norden zeigt, wie wenig Schamanen als Einzelpersonen galten. Sie waren eine Institution. Hier wurden bestimmte männliche Kinder in Mädchenkleidern erzogen und wie Mädchen behandelt. Durch diese „Umpolung" schuf man etwas Besonderes. Das bot die Grundlage der Befähigung zum Schamanen. Als Erwachsene traten diese dann bei ihrer Arbeit als Transvestiten auf und verhielten sich auch so. Das Beispiel muß sicher als Ausnahme gelten. Interessant ist es wegen der darin erkennbaren Auffassung von Schamanentum.

INDIVIDUELLE ZÜGE

Der Zusammenbruch der traditionellen indianischen Gesellschaft mit ihren vielfältigen Farbtönen ließ auch die Welt der Schamanen nicht unberührt.
Viele Rituale verschwanden, Ausbildung und geistige Führung der überlebenden Stämme verkamen. Die ärztliche Funktion von Schamanen ist noch zu finden. Es gibt im modernen Amerika Anzeigen (seriöser) Schamanen, die für ihre Methoden werben – gegen die Schulmedizin.
Aber die moderne Zeit betont das Individuum. Der einzelne Kranke zählt, nicht ein Ausgleich seiner Krankheit in spirituellen Welten. Mit dieser so gänzlich anderen Auffassung steht es um die Sache der Priesterärzte der ältesten Religion schlecht. Scharlatane versuchen natürlich, oft mit gutem Erfolg, ein medizinisches Schamanentum mit individuellen Zügen zu verkaufen. Aber die überblickbare Welt, in welcher der Schamane aufgefunden und ausgebildet wird, deren Balance seine Lebensaufgabe darstellt, scheint unwiederbringlich verloren.
Auf geistiger Ebene gibt es in der Native American Church Ansätze, Schamanismus und individuelle Erfahrungen des Spirituellen zu verbinden. Doch davon später.

III. MESA
DIE HEILKUNST

Gesundheit – so sagen wir – ist das höchste Gut.
Warum bewahren wir es dann so wenig,
schaden uns selbst
durch Ärger,
durch Streß,
durch Gifte.
Hören wir die Stimme der Natur noch,
suchen wir überhaupt den Ausgleich, die Balance?
Hetzen wir nicht durch das Leben, belasten die Waage,
bis sie kippt – nun fällt der Apfel zu Boden.
Zu spät – der Ausgleich im Tod ist nicht möglich,
nun schlug das Pendel um – jäh –, das wir gewaltsam
in immer eine Richtung drängten.

VON DER MEDIZIN ZUR HEILKUNST

Immer häufiger wenden sich interessierte Laien, aber auch Leute aus Medizinberufen der Indianermedizin zu, also der indianischen Heilkunst.

Das gilt mittlerweile weit über die Vereinigten Staaten als Ursprungsland indianischer Medizin hinaus: In Europa mehren sich Kurse, Anleitungen und Bücher, deren Grundlagen manchmal recht mysteriös sind.

Auf Mesa IV wird dieses Buch ausführlich der Frage nachgehen: Kann unsere Industriegesellschaft überhaupt Kräfte nutzen, die Naturvölker erwerben konnten?

Diese Frage wird diskutiert, Widerspruch wird nicht verschwiegen werden. Jeder kann dann seine Entscheidung treffen.

Ich selbst bin durch meine Erlebnisse und Erfahrungen in nordamerikanischen Indianergebieten der Meinung, daß manches aus dieser reichen Tradition dem modernen Menschen und gerade ihm nützt. Das gilt auch für die Lebensführung überhaupt. Ein Leben in Balance ist möglich, um den indianischen Begriff zu verwenden. Indianische Medizin gibt wichtige Anregungen für die Gesundheit und das Vorbeugen gegen Krankheiten.

Darüber hinaus sind medizinische Behandlungen nach Art der Indianer auch heute noch sinnvoll. Allerdings muß streng ausgewählt werden, um nicht Scharlatanen und Kurpfuschern Tür und Tor zu öffnen. Auf Mesa IV werden Sie positive Beispiele mit praktischer Anwendung finden, weswegen der Titel „Das Erbe“ lautet.

Es handelt sich um Bleibendes.

Um diese guten Früchte besser von den faulen abzugrenzen, lernen wir auf Mesa V Negativbeispiele kennen. Mit bewußtem Blick auf den „Verfall“ kann der gute Kern besser genutzt werden.

ALLOPATHIE – HOMÖOPATHIE

Allopathie heilt Krankheiten durch Einsatz körperfremder Mittel, die den Organismus günstig für den Kampf gegen die Krankheit beeinflussen. Damit ist die traditionelle Pflanzenmedizin seit der Zeit des Klostergartens Allopathie.

Die Homöopathie findet sich seit Hippokrates (vor etwa 2500 Jahren) immer wieder in der westlichen Medizin. Aufschwung nimmt sie seit 1800 durch das Werk Hahnemanns, des Begründers der modernen Homöopathie.

Krankheiten werden dabei mit Arzneien behandelt, die in größerer Menge selbst solche Krankheitszeichen machen. Deswegen erfolgt die Anwendung stark verdünnt (Ähnliches mit Ähnlichem heilen, Paracelsus).
Seit Hahnemann (1735–1843) werden diese Zusammenhänge genau erforscht und viele Substanzen auf die Auslösung einer „Arzneikrankheit“ getestet. In einem seiner Hauptwerke, dem „Organon“, macht Hahnemann auch genaue Angaben zur richtigen Verdünnung der Mittel. Mit der Verdünnung steigt die Wirksamkeit als Heilmittel, weswegen Homöopathen auch von „Potenzen“ sprechen.

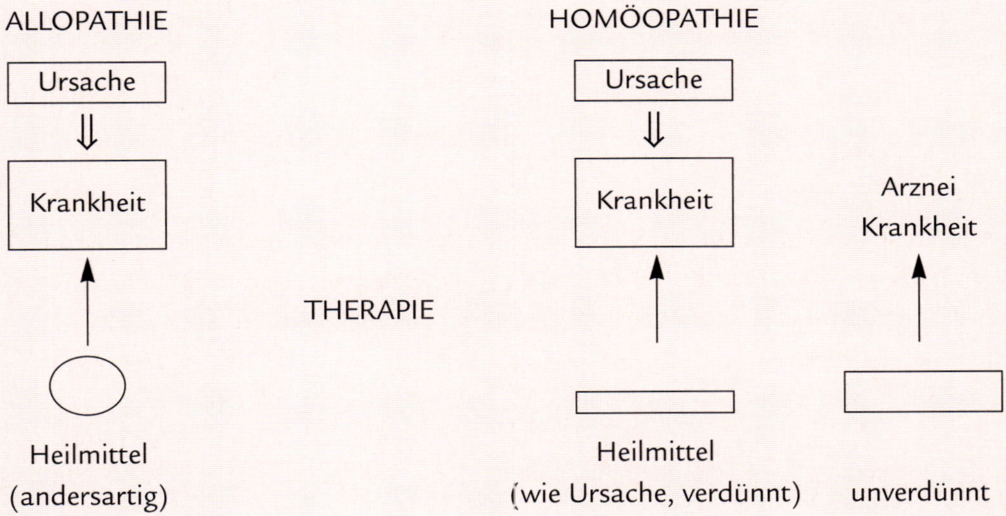

INDIANER HEILEN

Bevor diese Beispiele an uns herandrängen, soll der Blick von Mesa III in ein Land schauen, das es so heute gar nicht mehr gibt. Die Rede ist von indianischer Heilkunst, wie sie die ersten Weißen erlebten, wie sie sich verändern mußte beim Rückzug der Stämme. Wenn wir das überdenken, erfahren wir besser, was wirklich blieb. Nehmen wir an, wir befinden uns in einer archäologischen Ausgrabung. Die Steine sprechen zu uns in deutlicher Sprache, wenn wir über den ursprünglichen Zustand mittels Modell oder Rekonstruktionszeichnung informiert werden.
So bildet die medizinische Welt der alten Tradition die Grundlage zum Verständnis ihrer heutigen Anwendung.

BEOBACHTUNG

Unter anderem bemerkten die ersten Weißen in Nordamerika natürlich auch Heilmethoden der einheimischen Bevölkerung. Auch die Europäer erlitten ja Verletzungen, Schlangenbisse oder andere ihnen bis dahin unbekannte Erkrankungen. Längst nicht immer war ein Arzt zugegen. Außerdem war die Heilkunde in Europa zur damaligen Zeit nicht sehr weit entwickelt. Dies zeigt folgender Überblick:

EUROPÄISCHE HEILKUNST 1500–1750

Die europäische Heilkunst ist im Vergleich mit der der Indianer allgemein weniger weit entwickelt.
Grund: Die Universitätsmedizin stützt sich auf unbewiesene, theoretische Grundlagen. Beobachtung und Erfahrung (wie in der mittelalterlichen Kloster- oder Volksmedizin) wird verachtet.

Verbesserung durch das Denken von Renaissance und Humanismus. Der Mensch rückt in den Mittelpunkt. Forscher und Künstler lernen wieder zu beobachten. Sie führen Leichenöffnungen durch, um mehr über den Menschen zu wissen. Das oft unter Lebensgefahr, da die Kirche widerspricht.

Verbesserte anatomische Kenntnisse bewirken Fortschritte in der Wundchirurgie. Im wesentlichen operierte man Brüche, Wunden und nahm Amputationen vor. Ohne Narkose und keimarmes Operieren (erst ab 1850 möglich) waren größere Eingriffe unmöglich.

Ratlosigkeit herrschte gegenüber den damaligen Geißeln der Menschheit, den Seuchen (Pest, Cholera, Typhus, Tuberkulose). Eine Heilung war nicht möglich.

Magie: Auch wissenschaftliche Ärzte spekulierten auf unbegründete Heilkräfte. Ein Wundermittel wie Theriak wird teuer gehandelt und hilft gegen alles.

Zusammenfassung: Im Vergleich zu den Indianern spekulieren europäische Mediziner teils mit magischen Vorstellungen. Exakte Beobachtung und Lernen aus Erfahrung bleiben die Ausnahme. Bei den Indianern stellt dies die Regel dar. Deshalb erzielen „die Wilden“ in den Augen der Europäer erstaunliche Heilerfolge.

In der europäischen Heilkunst hielt man sich weniger an die exakte Beobachtung der Natur, sondern spekulierte recht haltlos über die Art einer Erkrankung. Dabei bezog man sich auf den berühmten Philosophen Aristoteles, der damals schon fast 2000 Jahre tot war.
Die arabische Medizin, die schon 500 Jahre vor der „Entdeckung" Amerikas wahre Meisterleistungen erbracht hatte, war in Europa vergessen. Schließlich hatte man über Jahrhunderte Krieg mit den Arabern geführt. Das grenzte auf vielen Gebieten ab – in der Medizin eindeutig zum Nachteil der Europäer.
Leben mit der Natur gegen unnatürliche Theorien – auf diese verkürzte Formel könnte man die Begegnung indianischer und abendländischer Heilkunde bringen.
Dementsprechend fallen auch die ersten Urteile der Weißen aus. Wer selbst der Hilfe bei Verletzungen oder anderweitig bedurfte, der staunte über die Leistungen indianischer Medizin. Ein gebildeter Engländer äußerte einmal, er ließe sich lieber von einem alten Indianer behandeln als von einem europäischen Chirurgen.
Aber auch Gegenteiliges ist zu hören: In einer großangelegten Beschreibung des amerikanischen Südostens tadelt ein Herr Catesby um 1700 die fehlenden anatomischen Kenntnisse der Indianer.
Vielleicht konnten ihm diese nicht richtig vermittelt werden. Aber auch die gesamte Einstellung paßt nicht zusammen – hier die Frage nach der Theorie, bei der Indianermedizin das zentale Motto: Wenn es wirkt, ist es gut.

PFLANZENMEDIZIN IM ABENDLAND

Mönche:
Benedikt von Nursia (480–543): Gründer des Benediktinerordens
Ordensregel: Bete und arbeite. Wichtig von Beginn an: der Klostergarten.
Die mittelalterliche Versorgung (500–1000) von Kranken war zunächst fast ausschließlich Aufgabe der Klostermedizin.

Ab 1000 (Salerno), stärker ab 1200 Universitäten:
- Die „wissenschaftliche" Medizin bekämpft die Klostermedizin.

1224: Edikte Kaiser Friedrichs II. zur ärztlichen Ausbildung.
- Weitere Schwächung der Klostermedizin

- Gleichzeitig Apotheker als eigenes Berufsbild. Die Herstellung von Pflanzenarzneien wird auch den Ärzten untersagt. Sie wenden die in Auftrag gegebenen Mittel an.

Um 1500: Teile der Universitätsmedizin und die auf Überlieferung beruhende mittelalterliche Volksmedizin wenden Pflanzen an.

Verbreitung des teuren Theriak als Wundermittel. Angeblich ein Geheimmittel des römischen Kaisers Nero, beinhaltete es 60, später 80 Einzelspezialitäten, die von Pflanzendrogen über Vitriol bis zu exotischen Schlangenteilen reichten. Ein berühmter Theriak wurde aus Venedig eingeführt.

Ab 1800: Neben der wissenschaftlichen Medizin (Zelle als Einheit des Lebens, Virchow) zunehmend Rückkehr zu Naturheilkunde mit Verwendung von Pflanzen. Dabei sind die Gründer solcher Bewegungen häufig medizinische Laien, wie etwa der Pfarrer Kneipp (Pflanzen als Apotheke Gottes).

GEHEIMNISSE DER PFLANZENMEDIZIN

Offensichtlich nutzten Indianer häufig Pflanzen ihrer Umgebung zu Heilzwecken. Viele davon waren den Europäern nicht vertraut, sie waren ja Fremde. Aber sie erfuhren im Krankheitsfall die günstige Wirkung am eigenen Leib.

Deswegen lobt Dr. Schöpf auch die botanischen Kenntnisse der Indianer, obwohl er sonst von ihrer Medizin wenig hält. Heilverfahren mit Kristallen lehnt er strikt ab. Nebenbei: Solche Verfahren werden bis heute in der Indianermedizin angewendet.

Dr. Johann David Schöpf verlegte Ende des 18. Jahrhunderts in Erlangen ein über viele Jahrzehnte beachtetes Werk über die Pflanzen Nordamerikas.

Indianische Herbalisten (Pflanzenspezialisten) und Medizinmänner behandelten meist anstandslos auch erkrankte Weiße. Deren Versuche, die wirksamen Mittel zu erfahren oder ihre exakte Anwendung kennenzulernen, scheiterten jedoch immer. Die Indianer betrachteten das Wissen als Medizin, also etwas Geheimnisvolles.

Das ist verständlich, wenn wir uns an ihr Bemühen um visionäre Erlebnisse erinnern. Außerdem wurden manche Mittel wie das Kokain nicht nur als Schmerzmittel verwen-

det. Man nutzte es ebenso für religiöse Zwecke, in die man niemandem Einblick gewähren wollte.
Dies gilt auch für LSD, das aus einem Pilz gewonnen wurde. Das Alkaloid Anhalonium des Peyotl-Kaktus ist eine weitere Droge mit großer Verbreitung. Es enthält Mescalin und wurde bei Zeremonien, aber ebenso für die Schmerzbehandlung eingesetzt. Aus diesem Grund wurde es auch von Militärärzten der US-Army gebraucht. Noch heute verwendet man es, allerdings mit gesetzlicher Einschränkung, da es letztlich ein Rauschgift ist. Die Native American Church (Amerikanische Kirche der Ureinwohner) nimmt es bei einigen Ritualen. Davon wird noch die Rede sein.

ANPASSUNG

Trotz unterschiedlicher Meinungen der Weißen gegenüber den Heilmethoden indianischer Pflanzenmedizin setzte diese sich auch bei den Weißen durch.
Zum einen waren die Pflanzen gut verfügbar. Einige Leute hatten den Indianern die Anwendung doch abgeschaut und zogen jetzt als Quacksalber ohne jede medizinischen Kenntnisse durchs Land. Sie verwendeten dabei die Pflanzen. Meist versuchten sie aber das Anwendungsgebiet erheblich zu vergrößern, um mehr Profit zu machen. Oft fand man „Wundermittel" gegen alle medizinischen Probleme. Zum anderen gab es keine wissenschaftlichen Ärzte. Nach einer relativ zuverlässigen Aufstellung praktizierten in einem Gebiet so groß wie ganz Europa nur etwa 20 Ärzte, und das bei ausgesprochen schlechten, ja gefährlichen Verkehrswegen! Einige dieser Ärzte übten sogar noch Nebentätigkeiten wie die des Pfarrers oder Lehrers aus. Einer – das wird ausdrücklich vermerkt – war im Hauptberuf Kneipenwirt. Schon damals witzelte man, er würde die Krankheiten erst durch schlechten Brandy verursachen, die er dann zu heilen versuchte. Ein doppeltes Geschäft!
Drastisch wird hier die medizinische Versorgung in der Neuen Welt deutlich.

BEHANDLUNGEN

Diese wenigen Ärzte hätten von den Indianern noch Heilmethoden lernen können, die in Europa unbekannt waren. Gegen Verstopfung machten viele Stämme Einläufe, die sie mit Gummikathetern einführten. Diese eindeutig indianische Erfindung findet sich bald auch in der Alten Welt und kommt mitunter auf galanten Bildern zum Ausdruck.
Punktionen mit Spritzen aus Tierknochen und Einbringen von Heilmitteln auf diese Weise erstaunten die Europäer ebenfalls. Noch unlängst fand ich in einem Blatt der

Regenbogenpresse eine Anzeige für eine indianische Kerze zur Selbstbehandlung am Ohr. Das ist nichts anderes als ein Überbleibsel alter indianischer Medizintechnik. Beim genauen Lesen der Anwendungsbeschreibung schien mir dann doch vieles unindianisch und zweifelhaft.
Schlangenbisse und ihre Behandlung faszinierten die Europäer besonders. Daher müssen die oft bizarren Berichte darüber mit kritischer Zurückhaltung gelesen werden.
So sollen manche Stämme nach dem Biß die Schlange erlegt haben. Nachdem sie aufgeschlitzt war, legte man sie als Heilmittel auf die Bißstelle.
Kopfschütteln der Weißen riefen Ritualtänze hervor, bei denen zwischen Klapperschlangen getanzt wurde. Mancher Tänzer hielt eine lebende Schlange sogar im Mund. Ein amerikanischer Arzt, der um die Jahrhundertwende jahrelang solchen Veranstaltungen beiwohnte, versichert, er habe keinen einzigen tödlichen Biß bei diesen Veranstaltungen gesehen.
Noch heute stößt der Amerika-Reisende auf Schlangenveranstaltungen, bevorzugt in kleineren Orten. So ziehen Halbwüchsige im Mittelwesten aus, um möglichst viele Giftschlangen gegen eine kleine Prämie zu töten. Wettbewerbe finden statt, bei denen sich erwachsene Männer in Klapperschlangen legen. Was heute eine makabre Show darstellt, gründet sich auf alte indianische Traditionen.
Manche Medizinmänner wandten bei Schlangenbissen auch das in Europa zur Stärkung der Körperabwehr eingesetzte Echinacea-Präparat an. Ähnlich den Weißen nutzten die Indianer auch den Aderlaß zur Behandlung von Kopfschmerzen, Fieber und rheumatischen Beschwerden.
Auch das Kautern wurde wie in Europa geübt. Dabei verbrannte man geschädigtes Gewebe, vor allem im Bereich von Wunden.
Weniger an europäische, sondern mehr an asiatische Tradition erinnert die Entzündung von Moxa, kleinen Moosbällchen, die auf erkrankte Körperstellen gelegt waren. In der chinesischen Medizin stellt das eine Ergänzung der Akupunktur dar. Ich selbst übe die Moxibustion im Rahmen der Akupunktur noch heute aus.
Außerordentlich lobten die Weißen indianische Massage. Sie wurde vielfältig angewendet und war für die Europäer etwas Besonderes, weil Vergleichbares zu Hause fehlte. Im Badebetrieb des Mittelalters kannte man zwar massageähnliche Anwendungen, die Indianer beherrschten diese Technik jedoch viel professioneller und behandelten neben den klassischen Bereichen auch Schwindel und Bauchkrämpfe mit speziellen Massagegriffen. Meist ging dem eine Vorbereitung voraus. Man wärmte die Hände in einem bestimmten Ritual über offenem Feuer oder rieb sich vorher mit Büffelfett ein.

Psychische Krankheiten

Psychisch Kranke galten Indianern verständlicherweise nicht als tabu. Sie kannten ja genügend Psychodrogen, um zu wissen, daß Bewußtsein, Denken oder Stimmungen gelenkt werden können.
Bei den Cherokee-Indianern oder auch bei den Huronen wechselten Rituale in einer Behandlungshütte ab mit Gesprächen. Das erinnert an unsere Psychoanalyse. Solche Praktiken haben sich bis heute erhalten, teilweise durchmischt mit westlichen Vorstellungen. Das ist nicht immer vorteilhaft.

Psychotherapie, Psychoanalyse

Psychotherapie ist ganz allgemein eine Behandlung von Verhaltensstörungen (zum Beispiel Neurosen), die auf Medikamente oder Apparate verzichtet. Statt dessen soll der persönliche Umgang zwischen Patient und Therapeut im Gespräch, mit Spielen und gemeinsamen Übungen helfen.
Die Psychoanalyse ist auch eine Psychotherapie. Sie verwendet das von Sigmund Freud entwickelte Analyseverfahren. Das stellt eine Art Gespräch nach bestimmten Regeln dar. Dabei betonen Freud und seine Schüler auch das diagnostische Element. Um wirkungsvoll zu helfen, wollen sie bestimmte Punkte in der Vergangenheit des Patienten aufarbeiten. So erkennen die Psychoanalytiker entscheidende Stellen in der Persönlichkeit des Patienten, die dann gezielt behandelt werden können.
Das umfangreiche wissenschaftliche Lehrgebäude dieser medizinischen Methode wird oft auch als Psychoanalyse bezeichnet.
Somit umfaßt der Begriff Psychoanalyse drei Schwerpunkte: die Lehre, die Diagnostik und die Therapie.

Man kann aber die Psychotherapie der Indianer auch heute sicherlich anwenden. Deswegen werde ich Vor- und Nachteile auf den nächsten Mesas beleuchten. Ausführlich wird die Traumanalyse dargestellt. Bei dem innigen Naturverständnis kann man gut nachvollziehen, daß Indianer dem Traum große Bedeutung beimaßen. Manche heutige Medizinmänner vertreten sogar die Ansicht, daß Träume der entscheidende Zugang zur Balance sind. Denn Visionen aus der Natur heraus werden auch in den einsamen Gebieten der Reservate zunehmend schwieriger.

GEBURTSHILFE

Ähnlich wie in der Chirurgie übertrafen Indianer auch in einem anderen bedeutenden praktischen Felde der Medizin die Weißen: Ich meine die Geburtshilfe.
Sie hatten Vorstellungen vom Geburtsablauf, die in Europa erst im 19. Jahrhundert bekannt wurden. Auch hier beobachteten Indianer die Natur als Lehrmeisterin sehr genau. Man förderte natürliche Wege. Das bedeutete zwanglose Hockstellungen während der Geburt, welche den Austritt der Frucht begünstigten. Außerdem war Schmerzbekämpfung großgeschrieben. Europa hatte selbst im 18. Jahrhundert, dem „Zeitalter der Vernunft", noch die Vorstellung, Frauen müßten unter Schmerzen Kinder gebären, wie es die Bibel ausdrückt. So wurde im Gegensatz zur indianischen Welt auf lindernde Mittel verzichtet, was zu vermehrter Spannung und so zur Erschwernis der Geburt führte.
Anders als vor 150 Jahren hierzulande, verlachte man bei den Indianern Hygieneregeln nicht. Professor Semmelweis, der als erster auf das Kindbettfieber nachhaltig hinwies, scheiterte ja am Hochmut seiner Kollegen.
Bei vielen Indianerstämmen war die Hygiene sehr wichtig. In Chirurgie und Geburtshilfe erreichte man durch Anwendung von Kräuterauflagen nach Waschungen sogar weitgehende Keimfreiheit.

FRAUENMEDIZIN

Das Thema Geburtshilfe berührte Frauen als Patientinnen. Nicht ganz selten finden wir auch heilkundige Frauen bei Indianern. Berühmt sind die *curanderas* des mexikanischen Raumes, die auch in Nordamerika anzutreffen sind. Hielten sie sich früher bevorzugt im Grenzgebiet von Neumexiko und Texas auf, findet man sie heute mit zunehmendem Einfluß auch in Kalifornien, Oklahoma und anderen Staaten.
Auch nördlichere Stämme lassen Frauen traditionell zur Medizin zu. Ein Hindernis besteht überall: die Menstruation. Solange sie ihrer Regelblutung unterliegt, wird der Frau keine Medizin anvertraut, die für den ganzen Stamm Bedeutung hätte. Die Regelblutung gilt als Tabu. Eine menstruierende Frau bricht nach einhelliger Meinung die Kraft jeder Medizin.
Daher sind Heilerinnen, wenigstens traditionell, alte Frauen. Erst unsere Zeit mit anderem Verständnis für natürliche Abläufe im weiblichen Körper drängt dieses Tabu zurück. Dabei sind es die heilkundigen

(jüngeren) Frauen, welche die alte Regel-Regelung nicht mehr beachten. Meist verzichten sie aber auch heute noch auf Behandlungen, solange sie menstruieren.
Wichtig im Verständnis von Medizinfrauen ist der *blessing way,* der segensreiche Weg. Ihn zu beschreiten heißt, heilen zu können. Eine Indianerheilerin verglich diese Kraft mit einem Doktordiplom in der etablierten Medizin.
Dieser *blessing way* spiegelt die Harmonie oder Balance wider, von der schon ausführlich gesprochen wurde.
Ähnlich der Tätigkeit von Schamanen bedeutet der segensreiche Weg klare Sicht für die grundsätzlichen Zusammenhänge des Lebens und damit für den Kranken.
Da Frauen bei vielen Gruppen zwar geachtet werden, aber im Ritual nur über geringen Einfluß verfügen (Plains-Indianer), bemühen sich die heilkundigen Frauen um eine Art Stärkung ihres Selbstbewußtseins mit Hilfe von Visionen.
Diese Medizinfrauen sind geachtet, da auch sie die Ausübung ihrer Kraft nicht als Möglichkeit, sondern als Verpflichtung sehen.
Auch wenn Frauen nicht die Ebene von Schamanen erreichen können, sind sie doch recht einflußreich.
Einige Stämme, die keine Medizinfrauen kennen, geben Frauen die Macht von Schiedsrichtern. Versagt ein Medizinmann bei seiner Aufgabe wie Regenmachen oder medizinischer Behandlung, so wird er von einem Rat der Frauen verwarnt. Bleibt er öfter den Beweis für seine überlegenen Kräfte schuldig, können ihn die Frauen aus der Siedlung verweisen.
Heute drängen Frauen nachhaltiger in die traditionellen Bereiche indianischer Heilkunst. Sie argumentieren, leichter als Männer in Balance gehen zu können.
Es gibt wissenschaftliche Untersuchungen von Indianern, wonach Medizin*männer* deutlich mehr „tun“, also aktiv am Patienten handeln. Bei gleichen Erfolgen erscheinen Frauen passiver, was aber als Vorteil gedeutet wird. Sie stehen weniger unter Erfolgsdruck als ihre männlichen Kollegen, schaden dem Patienten daher auch weniger. Außerdem – so ein wichtiges Argument der Frauen – kann der heilungsuchende Patient leicht in die Rolle des Kindes schlüpfen. Die behandelnde Frau als „Übermutter“ beschützt ihn ganz folgerichtig. Wie die Mutter den Säugling, nimmt die Heilerin das Leben des Kranken in die Hand, um es wieder ins rechte Lot, die Balance zu bringen. Diese findet sie auf dem *blessing way,* dem segensreichen Weg.

IV. MESA
DAS ERBE

Viele Dinge spiegelt das Leben des Menschen.
Nicht nur die Ahnung anderer Welt.
Auch das Erinnern an Kräfte, gute und böse,
die lenken und prägen.
Die eigene, menschliche Welt,
sie spiegelt wie Tau,
bricht sich in 1000 Facetten.
Nahrung gehört zum Leben, in richtiger Auswahl;
der rechte Rhythmus, er will erlernt sein,
wie das Leben so läuft.
Manchmal doch stockt es,
Unsicherheit ändert die Absicht.
Krankheiten verrücken die Lebensbahn.
Dann suchen wir Heilung.
Altes gilt noch,
doch Heilung ist, wenn es wirkt.
Getragen in unsere Zeit,
schafft Medizin Heilung.

DAS ENDE DER INDIANER

A: AUSBREITUNG DER WEISSEN

- Spanien: **Um 1550** dringen *Coronado* und *De Soto* von Florida nach Westen vor, um das sagenhafte Goldland Eldorado zu finden. Sie durchqueren den amerikanischen Süden, erreichen Texas und Kalifornien.
- Frankreich: Missionare besiedeln die Ostküste Kanadas bis zu den Großen Seen **(ab 1600)**.
- England: **Ab 1600** Besiedelung der Ostküste der späteren Vereinigten Staaten. Die Neuenglandstaaten werden britische Kolonien.

Ein ständiger Zuwachs an Siedlern und die Unabhängigkeit der USA (Unabhängigkeitskrieg gegen England **1776–1783**) vergrößern das von Weißen beherrschte Gebiet beträchtlich. Nach **1750** gibt es östlich der Appalachen keine selbständigen Indianergruppen mehr.

B: DRAMATISCHER KAMPF UM INDIANISCHEN LEBENSRAUM: DIE PLAINS

Weiße Technik (Telegraph, Waffen, Eisenbahnen) drängt die Indianer weiter zurück.
Quelle: **1846** Reiseerzählung von Francis Parkman: Die Indianer sind noch unter sich, beobachten aber die Bewegungen der Weißen mit Argwohn.
In diesen Jahren verschiedene Verhandlungen von Weißen und Indianern, Indianeragenten der Regierung treten auf. Eine Annäherung oder wirkliche Fortschritte können jedoch nicht erzielt werden.

September **1851:** Ein großer Rat vieler Indianerstämme tagt.
In den nächsten Jahren kleinere Übergriffe beider Seiten. Größere Aktionen verhindert auch der amerikanische Bürgerkrieg (**1861–1865**).

Ab **1865** (Kriegsende) einheitliches Vorgehen gegen die Indianer unter Leitung von General William Tecumseh Sherman, dem berüchtigten Sieger von Atlanta. Sein

Nachfolger Philip Henry Sheridan setzt das Werk seines früheren Vorgesetzten in dessen Sinn fort: Beide gelten als ausgesprochene Indianerfeinde. (Nur ein toter Indianer ist ein guter Indianer.)
Allmähliche Überwältigung der Indianer mit Zuweisung von Reservaten, die indianische Lebensgewohnheiten oft nicht berücksichtigen und selten eine ausreichende Lebensgrundlage bieten. Viele Tote durch Verhungern.

Ab **1870** letzter Widerstand indianischer Gruppen.
Trotz spektakulärer Einzelerfolge (Niederlage von Custer am Little Bighorn) ist die Gesamtniederlage nicht aufzuhalten.
Die großen Häuptlinge Red Cloud, Crazy Horse, Chief Joseph und Sitting Bull können das Schicksal ihrer Stämme hinauszögern, aber trotz überraschender taktischer Manöver nicht abwenden. Bis **1880** ist die sogenannte indianische Frage gelöst.
Letztes Aufbäumen der Apachen unter Geronimo in einem Guerillakampf.
Am **4. September 1886** gibt Geronimo auch auf.
Falsche Reservatspolitik löst kleinere Aufstände der gequälten, verzweifelten Bevölkerung aus.
Die *Ghost Dance*-Bewegung des Schamanen Wovoka beschwört in einem Geheimkult die Wiederkehr der indianischen Macht. Sie endet in der verheerenden Niederlage von Wounded Knee.
Die Indianer stellen keine Gruppe mit politischem oder gesellschaftlichem Einfluß mehr dar.

DAS ERBE

Die von Weißen so bezeichneten Indianerkriege endeten etwa um 1890, also vor rund 100 Jahren. Ihre Geschichte wurde mit blutigem Finger geschrieben. Es gab mörderische Angriffe der Armee auf wehrlose Indianerfrauen und -kinder. „General“ George Armstrong Custer, der eigentlich nur Oberst war, tat sich hier besonders hervor.
Aber auch die wirklichen Generäle, wie Sherman oder Sheridan, wollten jeden indianischen Widerstand brechen. Der war vielerorts mehr als berechtigt: Hatte man doch über Jahrzehnte, ja Jahrhunderte

Indianer belogen und betrogen, vertrieben und ermordet.
Der Zusammenbruch einer vielfältig aufgeteilten roten Nation ließ die Indianer am Rande der weißen Gesellschaft zurück. Sie waren besiegt, gedemütigt, geächtet. Ohne Zukunftsaussichten, zerfressen vom Alkohol, schikaniert von wechselnden Politikern. Manche Forscher meinen deshalb, daß mit Beginn unseres Jahrhunderts die indianische Seele ruht. Alte Traditionen zu bewahren, aus der Medizin Kraft zu schöpfen und wirkungsvoll nach der Alten Art zu heilen – das alles halten diese Wissenschaftler für nachgemacht und unecht, ein indianisches Hollywood.
Ich werde mich noch mit diesen kritischen Einwänden auseinandersetzen (siehe Mesa V). Hier, auf Mesa IV spreche ich vom Erbe. Das meint keine nette Tradition, die einfach abgespult wird, damit man wieder einen schönen Festtag abhalten kann.
Nein, auch in den Niederungen der Verbannung lebt ein indianisches Erbe. Man muß nur behutsam sein, zuhören, sich einfühlen, will man es wahrnehmen. Dem Sensiblen zeigt es auch seine Kraft. Der Nutzen für die eigene Lebensführung kann dann beträchtlich sein. Das bedeutet aber, daß nicht jeder über dieses Erbe verfügen kann. Denn auch wenn wir die richtige Einstellung gegenüber diesen empfindlichen Themen haben, bleibt die Frage: Können wir die geistige Welt in unseren Alltag verfrachten?
Manches wurde schon angesprochen. Aber die (vergangene) Lebensform der Indianer gibt uns höchstens unterhaltsame Einblicke, wie der Besuch eines Zoos oder des Zirkus. Wir freuen uns über solche Erlebnisse, wir denken gerne daran zurück. Aber gehen wir jeden Tag in den Zirkus?
Ich beabsichtige nun, Ideen und Erscheinungen des indianischen Alltags auf ihre „Anwendbarkeit“ in unserer Umwelt zu überprüfen.
Viele Dinge des Lebens beziehen bei uns wie bei den Indianern die Psyche mit ein. Vom Werbespot bis zum Einstellungsgespräch: Psychologen begleiten uns auf Schritt und Tritt. Auch die Indianer kennen nichts völlig Belangloses. Ein geistig-seelischer Hintergrund wird sehr oft angetroffen. Manchmal ist er allerdings erst auf den zweiten Blick zu erkennen.
Es gibt also sehr wohl Gemeinsamkeiten. Doch all das klingt noch zu theoretisch. Eine praktische Umsetzung fiel mir ein, als ich selbst auf einer (echten) Mesa in indianischen Kultstätten herumkletterte.
Die menschliche Psyche drückt sich in Träumen aus, dem Indianer ein vertraute Auffassung.
Andererseits halten westliche Psychoanalytiker die Bedeutung von Träumen sehr hoch. Sigmund Freud widmet ihnen ein bedeutendes Buch und nennt den Traum die *via regia*, den Königsweg zum Innersten des Menschen.

TRÄUME

Mit Träumen beschäftigt sich die menschliche Phantasie schon sehr lange.
Vor 4000 Jahren deuteten die alten Ägypter und Babylonier Träume.
Das war damals Aufgabe der Priester.
Die Götter des griechischen Dichters Homer erschienen den Menschen im Traum und gaben so Anweisungen.
In der römischen Kaiserzeit blühte mancher Aberglaube. Damals (vor knapp 2000 Jahren) verkaufte man bereits Traumbücher. Ohne besondere Anleitung ordneten sie bestimmten Traumfiguren einen Inhalt zu. Mehr als 1000 Jahre waren solche Traumbücher verbreitet. Sie trotzten auch gegensätzlichen christlichen Idealen, die diesen Aberglauben zu bekämpfen suchten.
1900 schreibt der Wiener Nervenarzt Dr. Sigmund Freud sein bahnbrechendes Buch „Die Traumdeutung“.
Er analysiert Träume wissenschaftlich und nennt den Traum die *via regia*, den Königsweg zum Unbewußten. Der Traum stellt ein wichtiges Element in Freuds Psychoanalyse dar.
Freud sieht den Traum als etwas, das den Menschen in eine nicht verarbeitete, konfliktbelastete Vergangenheit zurückführt. Im günstigen Fall gelingt es unter psychoanalytischer Anleitung, die Trauminhalte und damit das frühere Leben aufzuarbeiten. Das wirkt sich dann positiv auf die Zukunft aus.
C. G. Jung, ein Schüler und späterer Gegner Freuds, deutet Träume von vorneherein als Sicht in die Zukunft. Uralte Menschheitserfahrungen geben dem Träumer Fingerzeige für sein zukünftiges Leben.

Der Traum wird auch das Thema eines (erfundenen) Gesprächs zwischen einem Psychoanalytiker unserer Welt und einem indianischen Medizinmann sein.
Rede und Gegenrede sollen anschaulich und praktisch die unterschiedlichen Welten vermitteln. Anschließend werde ich in einer Zusammenfassung die indianische Traumwelt und -deutung so darstellen, daß man sie im Alltag übernehmen kann.
Danach wird indianisches Erbe in noch handfesteren Formen dargestellt. Es geht um die Pflanzenmedizin.
Glauben wir aber nicht, daß hierauf der

Akzent indianischer Heilkunst liegt. Die folgenden Ausführungen zur Psyche des Menschen, des Patienten, haben mindestens ebenso großen Einfluß. Ganz im Zeichen indianischen Verständnisses liegt es, beides anzuwenden. Jetzt haben wir das Plateau der Mesa erreicht. Wir haben einen guten Überblick nach unten und werden zum Schluß auf das holistische Weltbild der Indianer zurückkommen.

EIN GESPRÄCH ÜBER GRUNDSÄTZE

Bewußt werden in diesem erfundenen Gespräch keine Phantasienamen gebraucht. Der Analytiker ist nicht Professor Dr. YX, der Indianer nicht Häuptling Schwingender Adler. Es geht hier lediglich um möglichst hautnahe Vermittlung indianischer Vorstellungen.

Analytiker: Mein lieber Herr Indianer, ich freue mich darauf, mit Ihnen ein so wichtiges Thema wie den menschlichen Traum zu diskutieren. Träume sind ja schon vor Jahrtausenden gedeutet worden. Man sah in ihnen Hinweise auf die Zukunft oder Vorschläge zur Lebensgestaltung. Wir Analytiker haben da etwas aufgeräumt mit den vielen Märchen, die sich um die Träume rankten. Bis heute wird ja auch richtiger Aberglaube durch manche Traumdeutung vermittelt. Oft spielt Geld eine große Rolle.

Indianer: Wenn ich Sie kurz unterbrechen darf, Herr Analytiker, meines Wissens verlangen Sie doch auch Geld für Traumanalysen.

Analytiker: Da haben Sie ganz recht. Wir meinen, daß der Patient durchaus Opfer bringen muß, um mittels unserer Traumanalyse Wichtiges über sich zu erfahren. Das nützt ihm dann in seinem weiteren Leben erheblich. Und in unserer marktorientierten Zeit ist Geld eben eine Bezugsgröße für alle, für die Armen und die Reichen. Die Patienten müssen verhältnismäßig zu ihren Mitteln etwas leisten, damit die ganze Sache für sie auch Wert hat.

Indianer: Ja, ja, eine Vorgabe, eine bestimmte Leistung. Das kennen die meisten Gruppen bei uns auch. Geld spielt dabei keine Rolle, aber wir sind ja auch eine etwas andere Gesellschaft. Manchmal bestimmt bei uns der Stamm, wann die günstigste Zeit ist, Träume zu erleben und zu deuten. Bestimmte Jahreszeiten wie das Frühjahr eignen sich da besser als andere. Häufiger aber nimmt der einzelne die Vorbereitungen zum Traumerleben selbst in die Hand.
Wir kennen da gewisse Traditionen.

Mancher fastet, andere wählen die Isolation vom Stamm, gelegentlich in einer Zeit der Trauer. Auch Meditationsübungen sind verbreitet.

Analytiker: Kann denn jeder bei Ihnen zu einer Traumanalyse kommen?

Indianer: Ja, und das gilt für ziemlich alle unsere Stämme. Jeder Mensch träumt, also kann doch wohl jeder seinen Traum mit geeigneten Mitteln erkunden. Wir leben davon, auf die Stimme der Natur zu hören. Von unseren jungen Leuten erwarten wir sogar, daß sie sich dem Traumerlebnis stellen. Wir nennen das oft *vision quest.* Träume gestehen wir auch Frauen zu. Sie wissen ja, Herr Analytiker, daß wir meist männerorientierte Gruppen bilden.

Analytiker: Ja, das will wahrlich etwas heißen bei Ihnen. Nun, so großzügig verfahren wir Analytiker bei der Auswahl unserer Patienten nicht. Auch wenn wir damit Geld verdienen, überprüfen wir zunächst nach den Regeln unserer Wissenschaft, ob sich ein Patient zur Traumdeutung eignet.

Indianer: Hier erkenne ich Gegensätzliches. Wir unterscheiden Träume und Visionen – ich kann sie auch Tagträume nennen –, die gewollt sind. Fast jeder versucht in seinem Leben über diese Träume ins Innere der Welt zu blicken. Nicht jedem gelingt das freilich.

Wer aber „durchblickt", beschreibt die Welt als kristallklar. Er sieht dann außerhalb seines Körpers auf sich, kann diesen verlassen und ..., doch das sind Dinge, die Sie als Wissenschaftler ablehnen, vermute ich mal.

Analytiker (höflich): Zumindest klingt das alles interessant. Aber ich glaube, Sie wollten noch über eine andere Möglichkeit sprechen, Träume zu erleben, Herr Indianer.

Indianer: Allerdings. Nicht selten kommen Träume einfach daher, wir suchen nicht nach ihnen, unternehmen keine Vorbereitungen für ein Traumgesicht. Trotzdem träumen wir Bedeutungsvolles.

Analytiker: Wer sagt, daß Träume überhaupt Bedeutung haben?

Indianer (lacht): Wahrscheinlich müssen Sie mir da schon von Berufs wegen zustimmen. Aber Sie haben mit ihrem Einwand vollkommen recht. Doch die indianische Überlieferung kennt viele Beispiele dafür, wie wichtig Träume sind. Wichtig für das eigene Leben, wichtig für den Stamm, wichtig auch für unsere Nachkommen.

Da gibt es Geschichten, daß Träume zunächst in ihrer Bedeutung gar nicht erkannt wurden. Ein berühmtes Beispiel dafür ist Black Elk. Er hatte schon als Kind einen visionären Traum. Tief grub sich der Traum in das Gedächtnis des Kindes ein, das aber mit niemandem darüber sprach. Erst Jahre später erwähnte Black Elk den Traum seinem Vater gegenüber. Dieser hatte große Erfahrung mit Träumen und wußte sofort, wie wichtig die Vision seines Sohnes war. Sie bewahrte nämlich den ganzen Stamm vor großem Unglück ...

Analytiker: So etwas gibt es in der psychoanalytischen Traumdeutung nicht. Wir behandeln einzelne Menschen. Dabei sind ihre Träume auch sehr wichtig. Aber in erster Linie für sie selbst. Natürlich, wenn ein Patient Probleme mit seiner Umgebung hat, kann eine gute Traumanalyse nicht nur Schwierigkeiten des Patienten beheben, sondern auch auf sein Umfeld einwirken.

Indianer: Die Hauptsache bei Black Elk kommt noch. Der Kindheitstraum hatte ihm bereits die Welt klar erschlossen. Wir sehen das wie eine Offenbarung. Die wirkt lebenslang. Und man kann an einen derartigen Traum immer wieder anknüpfen und die Erfahrung fortsetzen. Man benötigt dafür bestimmte Techniken und Übungen. Die zu erlernen stellt im allgemeinen kein großes Hindernis dar.

Analytiker: Aha, Träume sind für Sie also in die Zukunft gerichtet. Bei uns sehen wir im Traum vorrangig die Vergangenheit unserer Patienten. Und die stellt sich alles andere als glasklar dar. Die Patienten, die über ihre Träume berichten, haben dabei keinen Durchblick. Manche halten die Träume für komisch, andere für dummes, wirres Zeug.

Indianer: Warum beschäftigen sich dann diese Leute mit Träumen? Ich habe bei unserer Diskussion zusammen mit dem Wort Traum auch die Vision genannt. Das zeigt schon, wie bedeutsam jeder Traum für uns ist, Herr Analytiker.

Analytiker: Meine Patienten erzählen ihre Träume auf meine Aufforderung hin. Normalerweise kommt ein Patient mit einem psychischen Problem zu mir. Er kann zum Beispiel keine festen Bindungen eingehen, fühlt sich in jeder Partnerschaft überfordert ... Das nennen wir seinen Konflikt. Der Patient drängt nach menschlicher Nähe, doch sobald er jemanden kennenlernt, der auch ihn interessant findet, wirkt er wie blockiert. Manchmal arbeitet er sogar gegen seine eigenen Wünsche, obwohl er sich dafür ohrfeigen könnte.

Indianer: Und solche Konflikte erscheinen im Traum?

Analytiker: Ja und nein. Der Patient träumt etwas. Ich sage, jetzt dringt sein Konflikt als das beherrschende Thema in den Traum ein. Der Konflikt findet sich aber verschlüsselt in einer eigentümlichen Bildsprache wieder. Der Patient könnte zum Beispiel träumen, er wäre auf der Jagd, nachdem er von einer Geburtstagsfeier heimgekehrt ist. Auf der Feier war er etwas beschwipst und hat einige

Gläser umgeworfen. Er spürte daraufhin die Betroffenheit der Gastgeber, deren Gesichter er aber nicht erkannte.

Indianer: Und was passierte auf der Jagd?

Analytiker: Eigentlich nichts, sagt der Patient. Er ist nämlich gar kein Jäger. Er kann sich auch an keine Waffen erinnern. Er weiß nur, daß er zu Hörnerklang mit Hunden unter Jägern, die er natürlich nicht kannte, auf einer Treibjagd ist. Dann wacht er auf und kann sich nicht an mehr erinnern.

Indianer: Das ist ja höchst eigentümlich, Herr Analytiker. Bei uns gibt es manchmal auch sonderbare Träume. Fast immer erfahren wir im Traum Erscheinungen. Wir sehen zum Beispiel alte Frauen, die uns beherbergen, und wissen, daß hier *spider woman*, die Spinnenfrau, erscheint.
Oder wir spüren im Traum Schwingungen, die der mächtige Flügelschlag von Donnervogel auslöst. Damit weist er uns in eine bestimmte Richtung.
Oder *corn maiden*, die einige von uns auch Mutter Erde nennen, winkt uns, in ihr Reich zu kommen.
Der Sinn ist häufig klar, und zwar ohne besondere Anleitung. Viele haben ja eine Menge Geschichten von ihren Großeltern gehört. Unsere Welt der Erscheinungen, auch im Traum, ist eng mit unseren religiösen Vorstellungen verbunden. Da gibt es lange Überlieferungen. Ganz allgemein gilt eben, was ich anfangs schon andeutete: Wenn wir Träume aus unserer Natur heraus mitgeteilt bekommen, müssen wir sie auch verstehen können. Vielleicht nicht sofort, vielleicht auch nicht ohne Mühe. Wir schaffen das aber ohne große Spezialisten wie Sie, Herr Analytiker, denn wir haben diese Geschichten und auch die Hilfe von kundigen Angehörigen. Wem der Großvater eben wenig Geschichten erzählt hat, den bedauern wir aufrichtig, weil er nicht lebensklug sein kann. Das sagt ja auch ein Sprichwort.

Analytiker: Sie deuten also Ihre Träume alle selbst, Herr Indianer?

Indianer: Teilweise, Herr Analytiker, nur teilweise. Durch die Geschichten der Überlieferung haben wir Wissen, um Träume zu erkennen. Außerdem glauben wir an den Einfluß unirdischer, Sie würden sagen: göttlicher Mächte. Diese Kräfte sind uns Menschen glücklicherweise meist günstig gesinnt. Sie zeigen uns im Traum auf verständliche Art, was wir im Leben tun sollen. Das kann auch eine Warnung bedeuten.

Analytiker (ungeduldig): Herr Indianer ...

Indianer: Wenn ich das noch kurz ausführen darf, eins will ich noch betonen: Der Traum verkörpert ein Ideal unseres Lebens. Wir finden dabei den Ausgleich zwischen unserer Welt und Kräften anderer Welten, wie Ober- und Unterwelt. Das alles gehört zusammen. Im Traum verstehen wir diesen Zusammenhang besser ... Wir schöpfen daraus die richtige Balance des Lebens. Sie nennen es wohl Harmonie. Auch in Ihrer Gesellschaft gilt Harmonie, soweit ich weiß, als sehr erstrebenswert. Da sind wir uns ganz einig. Manche meiner Brüder und Schwestern haben dafür ein sehr passendes Bild. Sie sagen, wenn der Traum diesen Zustand der Balance, der Ausgeglichenheit, der Harmonie herbeiführt: Wir gehen in Schönheit.

Analytiker (wieder entspannt): Verstehe, Herr Indianer. Aber eigentlich unterscheiden wir uns hierin doch sehr.
Von Anfang an verstand sich die Psychoanalyse auch als wissenschaftliche Methode. Statt die Mythologie, also Geschichten über außerirdische Kräfte zu bemühen, entmythologisieren wir alles.
Kehren wir zu dem Traumbeispiel meines Patienten zurück. Auf den ersten Blick mutet uns dieser Traum wie ein etwas eigentümliches Märchen an. Wenn Sie da strenger rangehen, sagen Sie sogar: Alles dummes Zeug ...

Indianer: Nein, nein, Herr Analytiker! Diesen Eindruck will ich keinesfalls aufkommen lassen. Ich sehe in Ihrem Traum, oder richtiger im Traum Ihres Patienten, keine klare Erscheinung, keine Vision, keinen Sinn, wenn ich so sagen darf.
Den Traum selbst verachte ich nicht, wie könnte ich auch.
Ich bin nur ratlos, wie man damit umgehen soll.

Analytiker: Als Sie vorhin sagten, die Träume Ihrer Freunde ergäben von selbst ein Bild ... bedeutet das, Sie bewerten Ihre Träume selbst?

Indianer: In vielen Fällen ja. Aber wir haben von Kindheit an die erwähnte Anleitung über die Geschichten.
Natürlich gibt es auch Träume, die wichtig erscheinen, aber nicht oder nicht ausreichend gedeutet werden können. Hier fehlt diese berühmte Klarheit, es fehlt der echte „Durchblick".

Analytiker: Und was dann? Den Traum einfach ablegen?

Indianer: Nein. Meistens wendet sich der Träumer dann an ältere Stammesbrüder oder auch -schwestern und bespricht die Traumvision mit ihnen. Findet er hier keine Anleitung, dann trägt er den Traum der Medizingesellschaft seines Stammes vor.
In der Situation, die Sie ansprechen, Herr Analytiker, also fehlendes Traumverständnis, steht der Traumdeutung nicht mangelndes Wissen entgegen. Traumanalyse – so glauben wir Indianer – bedeutet Verantwortung.
Wenn ein Älterer zwar den Trauminhalt erkennt, nimmt er vielleicht große Macht wahr, die hinter dem Traum zu sehen ist. Dann fühlt er sich möglicherweise dieser Kraft nicht gewachsen.

Gibt er in diesem Fall eine Deutung oder einen Rat, drohen ihm sogar Gefahren. Er wird also in hoher Selbstverantwortung den Traum als zu stark bewerten und so auch die Gefahren vermeiden, welche so große Kräfte nach sich ziehen können.

Analytiker: Gefahren?

Indianer: Ja, um das noch zu ergänzen, überirdische Mächte können ihn für eine zwar gut gemeinte, aber falsche, besser gesagt unzureichende Anstrengung bestrafen. Die Mächte sind nicht an sich böse. Man kann sie gut mit einem Strudel im Wasser vergleichen. Der bloße Anblick wirkt oft faszinierend, wenn etwa Holz oder Blätter im Strudel quirlen. Begibt man sich aber selbst hinein, sollte man auch als guter Schwimmer wissen, ob das Wasser an dieser Stelle nicht zu gefährlich ist. Denn geht man in Überschätzung der eigenen Kräfte hinein, wird aus einem Naturschauspiel, das ja nichts Böses an sich hat, auf einmal eine verderbliche Gewalt. Das aber durch eigenes Verschulden.

Ebenso muß auch der ältere Indianer auf die Traumdeutung verzichten, wenn er seine Kraft für nicht ausreichend hält.

Analytiker: Aha! Das bedeutet, Herr Indianer, daß sich dieser ältere Stammesfreund im Zweifel weigert, den Traum seines Bruders zu erklären.

Indianer: So einfach ist das nicht. Denn auch ein leichtfertiges Verweigern kann durch dieselben Mächte bestraft werden. Der Ältere kann also nicht ohne weiteres sagen: Die Sache ist mir zu heiß, ich will mit dem Traum nichts zu tun haben.

Analytiker: Das ist ja wie bei Skylla und Charybdis!

Indianer: Skylla und Charybdis?

Analytiker: Oh, Verzeihung, Herr Indianer, ein Vergleich, der nicht Ihrem Kulturkreis entstammt.

Ein berühmter Krieger namens Odysseus machte vor langer Zeit eine Fahrt auf dem Meer und geriet in eine Meerenge, die sehr gefährlich war. Auf der einen Seite drohte nämlich Skylla, ein Meerungeheuer mit zwölf Füßen und sechs Köpfen, das Schiff zu verschlingen. Wer sich aber nach der Gegenseite orientierte, um dem Tod durch diese Skylla zu entgehen, fuhr in den Strudel der Charybdis, die ihn dann verschlang.

Indianer: Sie haben ja auch tolle Geschichten, Herr Analytiker.

Analytiker: Ja, ja, das Ganze ist mehr sprichwörtlich zu verstehen. Es schildert eben eine Situation, in der man sich zwischen zwei unangenehmen Dingen hindurchmogeln muß. So ...

Indianer: ... hat es Odysseus denn geschafft?

Analytiker (etwas genervt): Ja. Aber das ist ja nur ein Märchen. Wichtiger für uns ist doch: Was macht der junge Indianer

mit seinem Traum, wenn der Ältere, vielleicht sein Vater, sein Onkel, zwar eine Deutung hat, diese aber nicht auszusprechen wagt, weil im Traum übermächtige Kräfte vorkommen?
Auf der anderen Seite, Herr Indianer, haben Sie ja ganz klar gesagt, daß er nicht so einfach ablehnen darf. Also Skylla und Charybdis!
Wie kommt der Ältere da durch? Und vermutlich will er ja seinem Stammesgefährten helfen, wie ich Sie Indianer kenne.

Indianer (seufzt): Ich hätte gern noch mehr von den Geschichten des Odysseus gehört. Geschichten interessieren mich halt immer. Gut, ich sehe ein, wir haben in unserem Gespräch über Träume nicht die Zeit dazu. Es soll ja etwas herauskommen, was möglichst jeder anwenden kann, wie Ihr Weißen oft sagt ...

Analytiker (verbindlich): Bitte bitte, ich wollte Sie nicht persönlich ...

Indianer: Nein, nein, Herr Analytiker. Sie haben schon recht. Bleiben wir beim Thema. In der schwierigen Situation hat der Ältere durchaus Auswege. Er kann sich an die Medizingesellschaft seines Stammes wenden. Möglicherweise gehört er ihr ohnehin an. Hier sitzen die Erfahrensten zusammen.
Darunter sicherlich mehrere, die eine bahnbrechende Vision in ihrem Leben hatten. Damit verfügen sie über eine starke Medizin, also große Kraft, um auch schwierige Fragen zu lösen.

Analytiker: Aha, also wie ein Schachverein, der knifflige Spiele der großen Meister nachspielt und möglichst gute Lösungen sucht?

Indianer: Nicht ganz so. Die Medizingesellschaft kennt für Problemlösungen gerade von Träumen häufig bestimmte Vorbereitungen. Man stürzt sich nicht auf die Auslegung des Traums, kaum, daß man ihn gehört hat.
Je nach Bedeutung wird in einigen Tagen eine Zeremonie angesetzt, die ihrerseits Tage dauern kann. Manchmal verhandelt man den Traum auch weniger ausführlich. Immer aber wird die Deutung des Traums unter Gebeten vorgenommen. Schließlich gibt gerade der komplizierte Traum oft entscheidende Hinweise für das Leben der ganzen Gruppe.
Wir Indianer glauben, daß die Kräfte meist wohlgesinnt sind, wenn sie von außerhalb unserer Welt über Träume in unser Leben eingreifen. Sie wollen auch, daß wir ihre Botschaften, denn das sind die Träume, verstehen. Die Gebete sollen unsere Ehrfurcht vor der guten Absicht dieser Mächte ausdrücken. Beten wir richtig, erfahren wir die Botschaft auch ganz genau. Das hat sich oft gezeigt.

Analytiker: Immer wieder die Verbindung zur Religion. Davon haben sich viele moderne Menschen freigemacht.

Indianer: Es kommt sicherlich auf den Standpunkt an. Für uns fehlt einem „freien“ Menschen die lebenswichtige Verbindung zur Welt. Wir sehen uns als ein Ganzes. Das soll zum Beispiel die Pfeife ausdrücken, die wir bei verschiedenen Ritualen verwenden. Häufig wird sie auch bei der Traumdeutung gebraucht.
Der Tabak kommt aus der Erde. Er wächst von unten. Wir Menschen, die die Pfeife rauchen, haben also Verbindung zur unterirdischen Welt. Den Rauch blasen wir nach oben – die Mächte der oberen Welt sind eingebunden. Der Rauch der Pfeife durchströmt uns, wir Menschen treten damit in unmittelbare Verbindung zu den anderen Welten. [Die Vorstellung einer Dreiteilung der Welt in Oberwelt, Erde und Unterwelt findet sich vielerorts bei ganz unterschiedlichen Stämmen. Es gibt jedoch auch andere indianische Weltbilder. Eine ebenfalls verbreitete Vorstellung sieht die Welt in vier oder fünf stockwerkartigen Schichten übereinander. Die Menschen entstehen, indem sie von der einen zur anderen Schicht hindurchsteigen. Göttliche Mächte können jederzeit diese Ebenen wechseln. Anm. d. Autors]

Analytiker: Solche Bilder beeindrucken mich. Wenn ich da an oft flache Motive meiner Patienten denke, die in erster Linie Geld verdienen wollen und das mit Glück verwechseln.

Indianer: Apropos Glück. Sie haben mir noch nicht erzählt, Herr Analytiker, wie Ihr Patiententraum Glück bringen kann, das ja offensichtlich in Ihrer Welt eine überragende Rolle spielt.

Analytiker (etwas zerstreut): Äh, ja ... Was sagten wir? Nun, ich brauche Ihnen den Traum wohl nicht zu wiederholen. Ich deute den Traum meines Patienten. Träume, so sagen wir Psychoanalytiker, haben eine Symbolsprache und verlaufen synchron.

Indianer: Können Sie mir das bitte verdeutlichen?

Analytiker: Gerne, Herr Indianer, ich bin nur eben in mein Fachkauderwelsch abgeglitten. Da haben Sie es mit Ihren Geschichten etwas leichter, na ja ... Der Traum meines Patienten verläuft durcheinander. Üblicherweise denken wir Menschen, wenigstens wir Weißen, in zeitlichen Abfolgen. Morgens stehe ich auf, dusche, ziehe mich an und gehe dann zur Arbeit. Das ist ein geordneter Zeitablauf, eines kommt nach dem anderen.
Im Traum läuft das oft anders. Was am Anfang steht, wäre eigentlich erst später an der Reihe. Im Bild gesprochen, ich esse zu Mittag, bevor ich aufgewacht bin.

Indianer: Das macht die Deutung Ihrer Träume aber schwierig. Manche meiner

Brüder, die Navajos zum Beispiel, kennen auch keine Zeiten. Für sie ist Vergangenheit und Zukunft gleich. Aber in Ihrer Welt, Herr Analytiker, stelle ich mir das schwierig vor, wo Sie doch ständig auf Uhren schauen und um Termine ringen.

Analytiker: Genauso ist es, Herr Indianer. Für meine Traumdeutung muß ich wissen, daß die Zeit im Traum verschoben werden kann. In unserem Beispiel steht die Geburtstagsfeier am Anfang. In Wirklichkeit ist die Feier das Symbol des abschließenden Festes, das sich der Patient wünscht, wenn endlich eine tragfähige Partnerschaft zustande gekommen ist.

Indianer: Glaubt Ihnen das der Patient?

Analytiker: Analyse bedeutet nicht, daß ich meinem Patienten alles erkläre, wie ein Lehrer ein Kind unterrichtet. Ich gebe nur Hilfestellungen. Der Patient muß selbst zur richtigen Deutung kommen.

Indianer: Aber ohne Sie persönlich geht's nicht?

Analytiker: Ohne meine Rolle überzubewerten: Nein. Denn diese Hilfestellung ist unerläßlich. Das ist anders als bei Ihnen, Herr Indianer, wo viele ihre Träume unmittelbar erkennen und verstehen.

Indianer: Ich würde lieber sagen: erkennen und begreifen. Denn nach dem klaren Eindruck, den uns eine Vision vermittelt, nehmen wir sie wirklich fest an uns, um sie für uns und den Stamm lebendig zu machen. Wir können auf sie auch zurückgreifen, wenn bestimmte Situationen in unserem Leben dies erfordern. Das können Mißernten sein, feindliche Angriffe oder Überlegungen zum nächsten Winterquartier.

Analytiker: Ihre Freunde sind nicht seßhaft?

Indianer: Teils, teils, Herr Analytiker. Interessanterweise kommt es darauf nicht besonders an. Früher kannten wir noch Nomadenstämme, die herumzogen. Sie empfanden sich ohnehin als Bestandteil der Gesamtwelt. In ihren Träumen kam die umgebende Natur vor, Pflanzen, Berge, Tiere. Heute finden wir diese Gruppen nicht mehr, weil wir alle in Reservate gedrückt wurden, besser gesagt, das, was von uns übrigblieb.

Analytiker: Also bleiben Sie heute durchweg am selben Ort?

Indianer: Ja, sicher. Aber das ändert an unserem Verständnis für Träume und Visionen nichts. Denn außerhalb der Pueblos sind wir mittendrin in dieser Welt der Kräfte und Mächte. Und die Träume sind da, ob wir sie suchen oder ob sie uns einfach ansprechen.
Doch wie deuten Sie, Herr Analytiker, Ihr Traumbeispiel zu Ende?
Ich habe verstanden, daß nach Ihrer Auffassung die zeitliche Abfolge im Traum durcheinanderkommt. Was wir am Anfang träumen, kann also in Wirklichkeit erst das Ende einer Geschichte sein.

Aber was bedeutet die Jagdszene? Fast (lächelt) denke ich an meine Brüder vor 150 Jahren, als sie die großen Ebenen Nordamerikas nach Bisons durchstreiften.

Analytiker (lacht auch): Das gibt es bei uns nicht, alles ist ja eng beieinander. Nun, immerhin fällt auf, daß unser Patient von der Jagd träumt, ohne ein Jäger zu sein. Er wählt den Traum in einem Bereich, der mit seinem Alltagsleben nicht das geringste zu tun hat.

Indianer: Sie sagen: Er „wählt"? Glauben Sie denn, Ihr Patient sucht sich seinen Traum aus?

Analytiker: Entschuldigen Sie, Herr Indianer, das war eine mißverständliche Formulierung. Ich wollte es lediglich vereinfachen.
Der Traum des Patienten findet ja während des Schlafes statt, also etwas anders als bei Ihnen.
Sie haben ja auch von Tagträumen gesprochen ...

Indianer: Allerdings. Diese bezeichnen eher Visionen. Das sind beispielsweise Erscheinungen, die ein junger Mann erlebt, wenn er sich nach einer Zeit der Vorbereitung ohne jede Nahrung den Elementen und damit auch den Gefahren der Natur aussetzt. Oft hat die Entkräftung da schon einen tranceähnlichen Zustand herbeigeführt. Wir meinen dieses Zurücktreten des Körpers gewährt spirituellen, also geistigen Mächten Eintritt in den jungen Mann.
Ich will auf Ihre Worte zurückkommen, Herr Analytiker. Träume während des Schlafes sind uns genauso wichtig.

Analytiker: Ja, der Schlaf. Der bedeutet eine Veränderung unseres Bewußtseins. Natürlich werden wir wieder wach, wenn uns jemand unsanft rüttelt. Leisere Einflüsse der Umgebung, zum Beispiel Musik, nehmen wir jedoch meist nicht wahr. Im Gegensatz zum Wachzustand.
Während dieser eigenartigen Änderung unseres Bewußtseins, die wir Schlaf nennen, läßt unser Körper aber auch Probleme lauter werden, die in uns stecken.

Indianer: Zum Beispiel das Problem Ihres Patienten damit, tiefere Bindungen einzugehen?

Analytiker: Genau, Herr Indianer. Tagsüber fühlt der Patient sein Problem. Seine Psyche, wie wir sagen, sein Inneres versucht, ihm die Schwierigkeiten zu nehmen, und versenkt das ganze Thema in einen Teil unseres Gehirns, den wir das Unbewußte nennen. Damit nun das Problem nicht auf einmal zur Unzeit wieder auftaucht, sperrt die Psyche das Unbewußte ab. Wach existiert das Problem scheinbar nicht mehr. Aber im Schlaf lockert sich die Aufsicht über diese Kammer unseres Inneren. Sie lockert sich aber nicht so stark, daß alles wieder deutlich erkennbar wird. Der Traum zeigt das Problem nur in verschlüsselter Form.

Indianer (zweifelnd): Ich glaube, ich bin Ihr Denken noch nicht gewohnt, Herr Analytiker. Ihre Ausführungen eben verstehe ich. Wie kann man das aber auf den Traum anwenden?

Analytiker: Mit ein bißchen Übung – schließlich habe ich ja eine jahrelange Ausbildung hinter mir und eine entsprechende Berufserfahrung. Dann setzt sich alles zusammen wie bei einem Puzzle. Die Jagd zeigt den Wunsch, eine Beziehung zu schaffen. Die stabile Beziehung wird im Fest der Geburtstagsfeier bestätigt. Es beginnt ein neuer Lebensabschnitt. Bei der Feier stört nur eines. Der Patient zerstört angetrunken Gläser. Hier sehen wir, was das Unbewußte im Traum zuläßt. Auch jetzt beschuldigt sich der Patient nicht selbst, die angestrebten Beziehungen widersinnig durch eigene Hand zu zerstören. Er zerbricht Gläser, nicht menschliche Beziehungen. Die damit verbundene Symbolik wird dem in diesen Dingen Unerfahrenen nach dem Erwachen nicht bewußt. Als zusätzliche Entschuldigung hat der Traum auch noch eingebaut, daß der Patient bei seinem Fauxpas nicht mehr nüchtern war.

Indianer: Das Unbewußte, wie Sie es nennen, wurde zwar im Schlaf aufgeweicht. Nach dem Erwachen ist es für Ihren Patienten aber wieder verschlossen?

Analytiker: Genauso ist es, Herr Indianer. Wir Analytiker sagen dazu: Der Patient verdrängt seinen Konflikt, also sein Problem. Und bei der Lösung des Konfliktes helfen wir, indem wir gemeinsam den Weg der Erinnerung zurückgehen.

Indianer: Das habe ich verstanden. Zunächst dachte ich, unsere Auffassungen hätten keine Gemeinsamkeiten. Aber einiges ähnelt sich doch, natürlich in zwei verschiedenen Welten.
Denn auch bei uns erfordert mancher Traum eine spezielle Hilfestellung, die des Schamanen.

Analytiker: Das interessiert mich nun wirklich, Herr Indianer. Immer wieder ist ja zu hören, daß Schamanen bei Ihnen die Rolle von Psychoanalytikern spielen.

Indianer: Bei allem Respekt, Herr Analytiker, das scheint mir eine Vereinfachung zu sein. Doch lassen Sie mich kurz erklären, was Schamanen mit Träumen und Visionen zu tun haben.
Nehmen wir mein letztes Beispiel, das Sie ja angeregt haben. Ein Traum erscheint bedeutsam. Keiner kann ihn deuten, der Träumer nicht, die erfahrenen Verwandten nicht, auch die Medizingesellschaft nicht. Jetzt kommt die Stunde des Schamanen.

Analytiker: Damit wird der Schamane zum Helfer in der Not. Eine befriedigende

Aufgabe. Wenn man allerdings bedenkt, daß er immer nur sehr schwierige Situationen zu meistern hat, scheint er mir nicht zu beneiden.

Indianer: Das Gegenteil ist richtig, Herr Analytiker. Gute Schamanen wollen ihre Kraft beweisen. Sie suchen entsprechende Betätigungsfelder. Das muß nicht unbedingt Traumdeutung sein. Hier nehme ich einen Einwand vorweg. Die Deutung kann ja so formuliert werden, daß sie schlecht oder überhaupt nicht überprüft werden kann: Eine Vision – so könnte der Schamane behaupten – wird in 20 Jahren diese oder jene Bedeutung haben. Er hat ein weises Urteil abgegeben. Aber wer unter den Anwesenden lebt in 20 Jahren noch, um den Spruch zu überprüfen? Die Mitglieder der Medizingesellschaft sind ja durchweg ältere Herren.

Wichtig ist: Der Schamane gebraucht seine Kräfte nicht nur zur Darstellung eigener Macht.

Damit würde er ja auch die Ausgeglichenheit der Welt, die Balance, verletzen. Die eigene Person in den Vordergrund zu spielen widerspricht entscheidend unserer Lebensauffassung. Das gilt allgemein für Schamanen. Schwarze Schafe treffen wir hier wie in anderen Bereichen des Lebens auch. Sie sind aber unter Schamanen selten, auch wenn die neue Zeit mit ihren materiellen Verlockungen auch Scharlatanen die Tür öffnete.

Analytiker: Ja, da haben sie recht, Herr Indianer. Ähnliche Probleme kenne ich in unserer modernen Welt.

Indianer: Sicherlich erfüllt den Schamanen seine Kraft auch mit Stolz, immerhin gilt er ja als Auserwählter. Da jedoch in unserer Vorstellung alles seinen geregelten Platz in der Welt hat, weiß auch der Schamane um seine Rolle. Gerade er kennt die Wichtigkeit der Ausgewogenheit, der Balance. Er hat die Klarheit des Blicks, die nicht nur in so schwierigen Fragen hilft, sondern auch die Grenzen menschlicher Wesen kennt.

Analytiker: Wie vollzieht sich denn Ihrer Meinung nach die Auswahl der Schamanen? Haben sie eine besondere Vision, sozusagen einen Meistertraum?

Indianer (lächelt): Nein, so einfach ist das nicht. Immerhin erlebt der Schamane als Auserwählter keinen – modern ausgedrückt – Durchschnittstraum. Seine Berufung zum Seher beginnt mit einem besonderen Erlebnis, dessen Bedeutung er erfühlt, aber nicht vollständig erfaßt.

Analytiker: Aha, also benötigt er auch einen Analytiker, der ihm beisteht?

Indianer: Nicht ganz so. Beistand benötigt er wohl, meist von einem älteren, also erfahrenen Schamanen. Aber anders als Ihre Patienten, Herr Analytiker, mit denen Sie arbeiten, erhält der künftige Schamane keine Führung durch einen Analytiker, der ein Problem durchdenkt und dann mit seinem Patienten durchgeht, sondern ...

Analytiker: Das ist doch Hilfe zur Selbsthilfe, was ich tue.

Indianer: Gewiß, Herr Analytiker. Doch Sie haben, und das mit gutem Recht, ein Konzept erstellt, das Ihre Vorstellungen wiedergibt. Das ist bei Schamanen anders. Der ältere Lehrer weiß um die Einmaligkeit der Vision, auch um ihre Größe und Bedeutung. Daß sie etwas Besonderes darstellt, hat er ja beurteilt, sonst würde er sich um den Jungen nicht kümmern.
Aber der junge Schamane hat bereits den Blick tief in die Dinge gesenkt, er schaut die Klarheit.

Analytiker: Wenn ich es recht verstehe, könnte man ihn mit einem rohen Edelstein vergleichen, der noch den letzten Schliff benötigt.

Indianer: So ungefähr. Der Traum, die Vision des jungen Schamanen ändert sein Leben. Sie hat ihn zum Schamanen berufen. Sie fordert ihn auch. Der Trauminhalt wird lebenslang ausgeschöpft, vielleicht auch weitergeträumt. Der alte Lehrer hilft, das große Ziel zu erreichen. Das Ganze bleibt also ein recht selbständiger Akt. Der Beginn, der Traum, die Vision ist vorhanden. Sie wird nicht interpretiert, wie Sie das, Herr Analytiker, sicher im Einklang mit Ihren Patienten tun.
Ihre Kunst, sosehr sie Menschen Ihrer Gesellschaft helfen mag, betreut den einzelnen, der mit seinem Problem zu Ihnen kommt. Sie helfen ihm, wirken als Arzt, als ein Arzt für die Seele.
Unser Schamane hilft auch. Auch er hat eine jahrelange harte Ausbildung nach seinem „Urerlebnis" hinter sich gebracht. Aber der Schamane verkörpert den Helfer, den Arzt auch als religiöser Führer. In ihm sieht ein Stamm die Brücke zwischen Außenwelt und dem Stammesbereich.

Analytiker: Außenwelt meint die Welt außerhalb des Menschen?

Indianer: Richtig. Das ist die Welt der Kräfte und Mächte, die den Menschen beeinflussen, ihm aber nicht zugänglich sind. Nur Auserwählte wie ein Schamane können diese Brücke schlagen. Indem sie das tun, beweisen sie Macht, über die sie in Demut verfügen. Sie bringen ihrem Stamm aber auch die Medizin, die in vielen schwierigen Lagen hilft.

Analytiker: Ah, jetzt erwähnen Sie einen Begriff, den ich schon lange erwartet habe: die Medizin. Was hat es damit auf sich?

Indianer: Herr Analytiker, sollte ich Ihre berechtigte Frage einigermaßen vollständig beantworten, so bräuchten wir noch viel mehr Zeit.
Was in unserem Zusammenhang wichtig ist, will ich genau darstellen.

Auch der stärkste Schamane braucht ein Ritual zur Ausführung seiner Taten, gleich ob er Kranke heilt oder Regen bringen will. Eingebettet ist sein Vorgehen in Gebete, traditionelle Gesänge, die Heilkraft erflehende Bilder. Diese Bilder malt der Schamane auf Körper oder Kleidung. Der jeweilige Indianerstamm kennt die Symbolik und vertraut der Macht dieser Bilder.

Analytiker: Das klingt so wie bildliche Darstellungen in unseren Kirchen. Im Mittelalter konnten viele Menschen nicht lesen. Damals sprachen die Bilder als *biblia pauperum,* als Armenbibel.

Indianer: Ja, vergleichbar ist das. Soviel ich weiß, wurde ja in ihren Kirchen auch gesungen. Natürlich unterscheiden sich die Rituale einer gotischen Kirche und einer Indianer-Kiva – aber Gemeinsames können wir auch hier finden.

Analytiker: Doch diese Begleiterscheinungen wie Lieder, Bilder oder Rituale erklären wohl nicht das Geheimnis der Schamanen?

Indianer: Sie erklären es, Herr Analytiker, zum Teil. Sehen Sie, es fällt Ihnen schwer, so einfache Dinge wie ein Lied für wichtig zu halten.

Analytiker: Ich respektiere Ihre Überlieferung durchaus, Herr Indianer, aber ...

Indianer: Ja aber! Das sind Lieder unserer Völker seit Jahrhunderten, in bestimmter heilbringender und heilender Weise einzusetzen. Wahrscheinlich reicht ihr Ursprung Jahrtausende zurück. Das können wir nicht beweisen. Mittlerweile haben aber auch wir Indianer ein Selbstbewußtsein, das nicht mit der Geschichte des weißen Mannes betteln geht.

Analytiker: Ich wollte Sie nicht ...

Indianer: Schon gut, ich habe mich von Ihnen nicht angegriffen gefühlt. Aber Sie überlegen richtig. Songs, Bilder und Rituale sind wichtig. Letztlich stehen sie aber als Symbole, allgemeinverständliche Zeichen der großen Vision, des Traumes, der bestimmte Indianer zu Schamanen erwählt.

Mit dieser Wahl beginnt alles. Wir hörten von Entbehrungen, großen Opfern, einschneidender Änderung der Lebensweise.

Am Schluß geht der Schamane in Schönheit, wie wir es schon ansprachen. Das ist nicht eitel. Er ist selbstbewußt, aber in diesem Selbstbewußtsein auch Teil des Ganzen, also ein kleines Rad, das aber für das gesamte Gefüge seine Rolle spielt.

Der Schamane hat dies klarer als andere begriffen, besser gesagt: gesehen. Daraus kommt ihm Kraft. So hilft er, so heilt er, so spendet er Regen mit Hilfe großer, freundlicher Mächte. Dieser Mächte muß er sich ständig versichern. Sie haben ihm den entscheidenden Traum, die wesentliche Vision gegeben.

Sie stehen zu ihm. Er muß sich dafür diesen Kräften mitteilen, sie verehren, sie mit Beteiligung des ganzen Stammes gewogen halten.
Sein Leben durchzieht wie ein roter Faden sein erstes, grundlegendes (Traum-) Erlebnis und die anschließende Ausbildung. Dieser rote Faden bestimmt sein persönliches Geschick, er ist ebenso wichtig für den Stamm.

Analytiker: Nachdem wir jetzt vieles, teilweise sehr Interessantes ausgetauscht haben, scheint mir in unseren Auffassungen auch manches ähnlich.
Selbst wenn Sie, lieber Herr Indianer, zu Beginn unserer Diskussion von Selbstdeutung des Traums gesprochen haben, verdichtet sich doch jetzt, daß Sie ähnlich dem Psychoanalytiker einen Spezialisten haben, der die Menschen anleitet.
Nennen Sie es bei uns Glück, was wir anstreben, bei Ihnen mag es anders heißen – aber beide Ansätze ähneln sich.

Indianer: Verzeihen Sie, Herr Analytiker, wenn ich Ihnen nach so einem guten Gespräch widerspreche. Ich verstehe Ihre Überlegungen, ich kann den Sinn nachempfinden, ich respektiere Ihre Leistung. Aber Sie üben einen – gewiß schwierigen – Beruf aus. Sie führen wie ein Arzt Ihre Patienten.
Wir Indianer stehen nicht auf einem Posten dieser weißen Gesellschaft wie Sie, wir wählen auch keine Verbindungen, keine Patienten.
Wir sehen uns inmitten, nicht in *der* Mitte, eines großen Ganzen, das sehr starke Kräfte schufen. Wir haben Anteil daran. Das sehen wir alle an den Träumen, mögen wir sie suchen oder ihnen unterliegen, wenn sie „zufällig“ kommen.
Auf welcher Stufe wir auch stehen, als Neophyten, also „Ersttträumer“, oder als traumerfahrene Medizinmänner, stets muß es unser Ziel sein, den Ausgleich der Welt zu suchen. Wir streben nach der Balance – und wir können sie finden!
Ich bezweifle, ob die moderne Gesellschaft hierbei helfen kann. Viele meiner Brüder und Schwestern empfinden sie als hinderlich bei Fragen, wie wir sie hier besprochen haben.
Diese Fragen aber berühren unser Innerstes, sie sind lebenswichtig.

ZUM SCHLUSS DES GESPRÄCHS

Verlassen wir nun dieses Zwiegespräch, das ein zentrales Thema indianischer Heilkunst ansprach: den Traum.
Schwierigkeiten zeigte die Diskussion auf.

Als erster Eindruck erscheint wohl, daß unsere hochzivilisierte Welt die Traumbedeutung indianischer Kulturen nicht nachvollziehen kann.
Doch dem ist nicht so. Erinnern wir uns an den Anfangsteil des Gesprächs.

WELTBILDER

Indianer

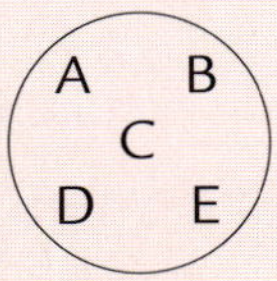

Weltenschöpfer
(evtl. zurückgezogen)

Europa/Asien

○ ⇔ ◁

gut böse

Holistisch

alle Elemente in der Welt

A: Berge
B: Pflanzen
C: Tiere
D: Menschen
E: überirdische Wesen, Götter, Monster etc.

Dualistisch

ständiger Kampf um die Vorherrschaft

Mensch wählt seinen Standpunkt

TRÄUME SIND ÜBERTRAGBAR

Nicht selten finden wir spontane, sprich: nicht gesuchte Träume, die von den Betreffenden selbst gedeutet werden.
Wir müssen uns also nicht der Hitze Arizonas, Klapperschlangen und Wassernot aussetzen. Wir bemühen auch nicht einen modernen indianischen Guru, der Träume zu deuten verspricht. Nebenbei bemerkt: Wir sind auch keine Indianer.
Trotzdem empfinde ich einen faszinierenden Ansatz in der hohen Bewertung des Traums bei fast allen Indianerstämmen. Ich fühle das nicht nur so, weil ich mich seit langem mit indianischem Brauchtum beschäftige.
Schon früher führte ich als Student unter fachkundiger analytischer Leitung Traumanalysen durch. Traumdeutung nach klassischer Methode, etwa nach S. Freud, bleibt kompliziert. Sie ist, wie die Diskussion zwischen Indianer und Psychoanalytiker zeigte, in erster Linie dazu da, eine psychische Erkrankung besser zu verstehen, eventuell auch zu heilen.
Individuelle Hilfe im Alltag gibt sie nicht. Deshalb sprach mich die indianische Traumwelt an. Man kann jetzt einwenden, daß dabei manchmal ein Schamane gebraucht werde, daß unsere Welt doch so verschieden von der indianischen sei und daß Träume bei Indianern auch Religiosität ausdrückten.
Manches ist da schon richtig. Entscheidend bleibt jedoch, daß die Mehrzahl der Träume selbst verarbeitet wird, und zwar in der jeweiligen, durchaus unterschiedlichen Umwelt.
Warum soll uns das nicht gelingen? Es gelingt. Aber einige Hinweise zur praktischen Durchführung scheinen mir nützlich, auch weil ich selbst davon bei der Traumanalyse profitierte.

EIGENE TRAUMANALYSE

Wie oft erwachen wir nachts unter dem Eindruck eines Traums. Er erscheint greifbar nahe; dann dösen wir wieder ein. Am Morgen danach hat der Eindruck gewechselt. Die Erinnerung an den Traum ist vorhanden. Der genaue Inhalt fehlt, obwohl er nachts klar vor Augen stand.
Im Gegenteil, was gerade noch so deutlich erschien, verblaßt bei intensiverem Nachdenken immer mehr. Nach wenigen Minuten sind kaum mehr Einzelheiten erinnerlich. So geht das häufig.
Man kann die Erinnerung an Träume aber trainieren. Dabei muß man die Phasen des

kurzen Erwachens in den Morgenstunden nutzen – das ist sehr wichtig. Will man Traumanalyse betreiben, so empfiehlt es sich, auch schlaftrunken aufzustehen oder aufzusitzen. Papier und Bleistift sollten am Abend zuvor neben das Bett gelegt werden. So erfolgt die Niederschrift des noch frischen Traums in einer Art Halbbewußtsein.
Die Durchführung dieser einfachen Regeln gelingt meist auf Anhieb. Bei ausreichender Motivation wird es möglich sein, auch nach anfänglichem Mißerfolg (man legt sich schnell wieder hin, schläft weiter, und der Traum ist weg), die entscheidenden Passagen zu Papier zu bringen. Dabei geht es gar nicht darum, ob nur Stichworte hingeworfen werden oder ganze Sätze. Erfahrungsgemäß regelt sich das von selbst. Lassen Sie nur den Stift laufen, das Unbewußte führt Ihre Feder. Damit versteht sich von selbst, daß die Psyche beeinflussende Stoffe wie Alkohol am Vorabend oder (stärkere = nichtpflanzliche) Schlafmittel hinderlich sind.
Entscheidend bei dieser in der Praxis bewährten Methode ist das Bewahren des Traums. Die Niederschrift hat die wichtigen Bilder erfaßt. Ein Vergessen, vielleicht auch Verdrängen nach dem Erwachen wird vermieden.

DIE AUSWERTUNG

Wie verfahren wir jetzt mit den Aufzeichnungen? Sinnvoll fassen wir mehrere Träume zusammen. Dann liest man die Aufzeichnungen in einer ruhigen Stunde durch. Eine Phase größerer Erschöpfung, etwa nach einem überdurchschnittlich anstrengenden Arbeitstag, stellt keine gute Wahl dar. So würde sich außerdem unsere Motivation, hinter die Träume zu kommen, verkleinern. Grundsätzlich schafft jeder die Analyse, der sie schaffen will. Künstliche Hindernisse wie unglückliche Terminwahl sollte man sich aber nicht auferlegen. Auch Müdigkeit („Eigentlich wollte ich ins Bett gehen, aber ich muß ja noch meinen Traum aufarbeiten") steht sinnvollem Umgang mit den eigenen Träumen entgegen. Denn das Durchlesen der Aufzeichnungen reicht nicht aus. Wir brauchen Zeit, können verschiedene Träume vergleichen, in Ruhe über einzelne Punkte nachdenken. All das ist ja keine Sperrzone für Psychoanalytiker. Die nutzen Traumgesichte, um ihren Patienten, also kranken Menschen, zu helfen. Als Gesunde können wir uns durchaus zutrauen, mit eigener Kraft in eigenen Träumen voranzukommen. Die Richtigkeit dieser Überlegung haben Indianer unterschiedlichster Herkunft lange überzeugend bewiesen.

Nicht jedes Nachdenken über jeden Traum wird uns da helfen. Wie oben dargestellt, gab es auch für die Indianer hier Grenzen. Man sollte bei erkennbaren Schwierigkeiten nicht verkrampfen. Heute geht es nicht, vielleicht ein andermal. Möglicherweise gewinnt der schwierige Traum auch erst Konturen, wenn wir noch andere, vor uns liegende Traumgesichte hinzufügen.

Also keine Angst, wenn nicht alles auf Anhieb klappt. Auch hier macht Übung den Meister, wie ich aus eigener Erfahrung weiß.

Der Zugang zur Traumauswertung folgt zwei ganz unterschiedlichen Wegen.

Man kann frei assozieren. Hierbei läßt man sich auf die Bilder des Traums ein. Man sinniert in diesen Bildern und erlebt andere Eindrücke. Die stellen neue Verbindungen her. Zusätzliche Gedanken kommen auf, das Bild füllt sich. Hieraus lassen sich Anregungen zum Verständnis des Traums gewinnen.

Das in sich gekehrte Nachsinnen hat aber oft zusätzlich befreiende, auch reinigende Wirkung. Hat man sich auf die Erlebnis- und Bilderwelt der Gedanken, ausgelöst vom Traum, eingelassen, wird manches klarer. Darin können wir die indianische Tradition fühlen.

Ein ganz anderer Weg ordnet die aufgezeichneten Traumbilder. Man orientiert sich am Vorkommen gleichartiger Bedeutungen. Je häufiger ein Traummotiv auftritt, desto wichtiger scheint es zu sein. So bildet man eine Reihenfolge der wesentlichen Traumereignisse. Diese Bilder werden ähnlich behandelt wie bei der freien Assoziation. Man läßt seinen Geist in aller Ruhe über das jeweilige Thema schweifen. Die neu vorkommenden Eindrücke helfen, den Traum für das eigene Leben zu deuten.

Man kann die Zeit des Nachdenkens auch vorbereiten. In unserer säkularen Welt und einem anderen als dem indianischen Kulturkreis nützen Songs und Gebete der Indianer nichts.

Sie zu verwenden wäre, als schauten wir, der Regeln unkundig, einem Baseballspiel zu.

Wir sehen die Sportler zwar laufen und schlagen, wissen aber nichts über die Bedeutung des Spiels. Am Schluß können wir nicht einmal den Sieger der Partie benennen.

Andere indianische Vorbereitungen lassen sich jedoch in unsere moderne Welt übernehmen. Mit westlicher Lebensart vertraute Indianer schlagen hier zum Beispiel einen vorbereitenden Saunabesuch vor.

Der ahmt die indianische Schwitzhütte nach. Sie wurde in verschiedenen Formen von vielen Indianergruppen zu Vorbereitungszwecken benutzt. Dabei ging es um Krankenheilungen ebenso wie um Planung von Zeremonien.

Auch Visionen oder Träume wurden nach Aufenthalt in der Schwitzhütte gesucht, bedacht und verarbeitet.

Den indianischen Rat, statt Schwitzhütte die Sauna zu besuchen und sich anschließend auf eigene Träume zu besinnen, kann man nur empfehlen.
Absolut notwendig ist das nicht. Wenn Sie nicht gerne saunen oder aus gesundheitlichen Gründen darauf verzichten müssen, wird Ihnen der Überblick über eigenes Leben und Verhalten mit Hilfe Ihrer Träume ebenso gelingen.

DAS PERSÖNLICHE RITUAL

Bilden Sie Ihr eigenes Ritual. Die Sauna kann da hinzugehören. Eine Tasse Tee, konzentrative Musik kann das ergänzen oder statt dessen stehen. Hier eignen sich natürlich die auch bei uns immer mehr verbreiteten CDs mit indianischer Meditationsmusik.
Der Erfolg des eigenen Rituals liegt nicht darin, daß Sie nach einer Stunde, vielleicht auch schon nach 30 Minuten feststellen: Das habe ich heute für mein Leben gelernt. Wir spielen nicht Schule.
Im Gegenteil: Lassen Sie die Gedanken strömen, empfinden sie Leere, gestatten Sie dieser, sie zu erfassen. Nur so vermögen Sie zu beurteilen, wenn die Fülle der Gedanken sie einfängt, nur so können Sie auch die präzise Klarheit eines positiven, auf etwas ausgerichteten Gedankens erleben. Mit der Zeit werden Sie Ihre eigene Beziehung zum Traumdenken entwickeln. Ich spreche bewußt nicht von Meditation. Man soll keine religiösen Kulte zu äußerlicher Show abwerten. Auch gleichzeitige Durchführung bei uns verbreiteter meditativer Übungen der Konzentration und der Atemtechnik stören. Damit will ich diese Möglichkeiten eines Weges zu sich selbst keineswegs ablehnen. In unserem Zusammenhang bleiben sie jedoch überflüssig und stören das, was wir entsprechend indianischer Medizin in der Traumanalyse suchen: die Balance.
Viele indianische Stämme überließen, wie Sie gesehen haben, dem einzelnen seine Vision, seinen Traum. Die Erfahrung hieraus können wir nachahmen. Es handelt sich nicht um eine schwächliche Kopie. Wir schöpfen vielmehr aus reicher Tradition unterschiedlicher Menschengruppen, die aber ein gemeinsames Erbe auf dem Weg nach innen erkennen lassen. Diese Gemeinsamkeiten lassen sich in die moderne Zeit übertragen und praktisch anwenden.

VON INNEN NACH AUSSEN

So wichtig die Beschäftigung mit Träumen für alle Indianer war, sämtliche Situationen ihrer teilweise bedrohlichen Umwelt konnten sie nicht beherrschen. Zwar gab es Visionen, die Stärke für das Überleben des gesamten Stammes bedeuteten. Aber vor Ort kam unversehens eine Büffelherde herangerast, feindliche Krieger schufen Gefahr, oder ein Unfall bedingte Verletzungen. Schamanen und Medizinmänner hatten auch für solche Gelegenheiten Rituale und Bilder. Aber niemand konnte auf tatkräftige Hilfe von Heilern verzichten. Auch das Äußere verlangt eben nach Ausgleich, nach Balance.

Eine zentrale Stellung haben in diesem Zusammenhang Heilmaßnahmen, bei denen Pflanzen verwendet werden. Wie schon beim Traum zeigt sich eine große Erfahrung. Man kann sich gut vorstellen, daß diese umfassenden Kenntnisse in Jahrtausenden erarbeitet wurden. Wie bei den Träumen läßt sich auch dieser Teil indianischer Medizin noch heute nutzen. Der Begriff Medizin wirkt in Zusammenhang mit den Pflanzen besonders dicht: Die Kraft entspringt der Natur, durch Überlieferungen vermag der Mensch sie für sich zu nutzen, und sie schafft Heilung. Der letzte Gesichtspunkt entspricht dann dem, was wir unter Medizin verstehen.

INDIANISCHE PFLANZENMEDIZIN

Phytotherapie heißt die Kunst, mit Pflanzen zu heilen. Sie hat in Europa eine lange Tradition. Ein bedeutendes Beispiel ist der mittelalterliche Klostergarten. Gerade die Benediktiner pflegten schon vor mehr als 1000 Jahren diese Heilkunst. Deswegen wurden die Klöster auch oft von Kranken aufgesucht (siehe Seite 47).

Erst Kaiser Friedrich II. schränkt die Klostermedizin um 1230 erheblich ein. Er erläßt eine berühmte Verordnung, welche die Aufgaben von Ärzten und neu von Apothekern ausführlich regelt.

Die Indianer Nordamerikas hatten zwar keine entsprechende Verordnung. Der Pflanzen bedienten sie sich natürlich, weil sie über Zehntausende von Jahren ihre Wirkung kannten und nutzbringend anwendeten.

Dabei gab es Spezialisten, von der Wissenschaft Herbalisten genannt. Man versteht hierunter Medizinmänner, die sich fast ausschließlich mit Pflanzen beschäftigen. Schamanen sind demgegenüber selten ausgesprochene Pflanzenkenner. Sie nehmen sich Herbalisten als Helfer für Spezialfragen. Die Schamanen verstärken dann mit ihrem Ritual die Wirkung der Heilkräuter. Die üblichen Dosierungen entsprechen oft heutigem Arzneigebrauch. Damit betreiben Indianer überwiegend allopathische Therapien. Das heißt, man führt mit dem Stoff

etwas aus, strebt ein Ziel an, welches der Pflanzenwirkstoff abdeckt. Homöopathie ist ausgesprochen selten. Sie versucht ja, durch Umstimmung des Erkrankten zum Erfolg zu kommen.
Ganz vereinzelt finden sich Berichte, wonach Heilungen mit extrem niedrigen Mengen eines Arzneimittels auch bei den Indianern erzielt wurden. Diese Mittel wurden aber keinesfalls so aufbereitet, wie es Homöopathen seit Hahnemann fordern.
Die niedrige Dosierung wurde in allen Fällen unter großem Einsatz von Ritualen angewandt. So denkt man an einen Placebo-Effekt. Unter Placebo (aus dem Lat.: Ich will gefallen) versteht man ein Scheinmedikament. Es beinhaltet keinen oder zu niedrig dosierten Wirkstoff. In bestimmten Situationen, für bestimmte Patienten wird es auch in der Schulmedizin mit Erfolg eingesetzt. Dabei spielt immer die ausführliche, positive Erklärung des Arztes eine große Rolle („Der Arzt ist die Medizin"). Damit setze ich die indianische Heilkunst keineswegs herab. Im Gegenteil, der intensive, oft auch körperliche Kontakt des Heilers mit dem Patienten wertet die Heilkunst der niedrigen Dosierungen in meinen Augen eher auf.

ANWENDUNGSBEISPIELE

IST ASPIRIN NICHT EIGENTLICH „IND-SPIRIN"?

Bekannt sind Auflagen von Weidenrinden auf Wunden. Verschiedene Weidenarten (lat.: salus) enthalten Salicylate.
Das sind chemische Verwandte des Aspirin oder ASS, um zwei häufig benutzte Präparate unserer Tage zu nennen. Das seit mehr als 100 Jahren in der Schulmedizin bekannte Aspirin ist ja hinsichtlich seiner vollständigen Wirkungspalette sogar bis heute nicht zur Gänze ausgelotet. Die schmerzstillende wie auch die fiebersenkende Wirkung kannten die Indianer bereits Jahrhunderte vor den Weißen. Beide Wirkungen waren wichtig. Denn Verletzungen erzeugten neben den Schmerzen häufig Wundinfektionen mit Fieber.
Erst in den letzten 3 Jahrzehnten des 19. Jahrhunderts wenden europäische Ärzte Extrakte der Weide in größerem Stil an: sie behandeln damit Rheumakranke. Eigentlich ist das verwunderlich, denn schon 250 Jahre früher bringt der spanische Arzt Juan de Vega Chinarinde von einer Reise aus Südamerika mit. Er hat ihren Gebrauch bei der Malariaerkrankung schätzen gelernt und verkauft sie neben seiner ärztlichen Tätigkeit in Sevilla.

Daß die Chinarinde über 20 verschiedene Wirkstoffe enthält, weiß er nicht. Er kennt auch einen der wesentlichen Bestandteile für die entzündungshemmende Wirkung der Chinarinde nicht: die Salicylsäure, die auch die Weidenrinde enthält.
Das Arzneimittel setzt sich in Spanien ebensowenig wie in Italien durch. Die Engländer können sich damit eher anfreunden. Deshalb wird pulverisierte Chinarinde 100 Jahre später auch „englische Arznei“ genannt.
Die verwendet man nun auch höher dosiert bei rheumatischen Entzündungen. Mit viel Mißerfolg! Denn die üblichen Dosierungen nützten wenig, also gab man größere Mengen. Diese wiederum brachten dann starke Nebenwirkungen mit sich. Die Rheumakranken litten zwar nicht mehr so stark unter ihren Gelenkschmerzen. Aber Übelkeit, Ohrensausen, ja sogar Anfälle mit Halluzinationen schränkten den Gebrauch für eine dauerhafte Anwendung entscheidend ein. Und die günstige Wirkung auf Dauer ist ja bei einer chronischen Krankheit wie dem Rheuma unverzichtbar.
Einer der betroffenen Patienten, dessen Rheuma sich zwar unter diesem Mittel besserte, der aber die Arznei nicht über längere Zeit vertrug, war Herr Hofmann. Er bat seinen Sohn, einen Chemiker im Dienst der Firma Bayer, nach einer verträglicheren Variante zu suchen. Felix Hofmann analysierte gewissenhaft die verschiedenen Bestandteile und fand heraus, daß eine kleine chemische Änderung zur Acetyl-Salicylsäure führte. Die war mindestens genauso wirkungsvoll und gleichzeitig sehr viel verträglicher. So konnte er seinem Vater helfen und Millionen anderer Patienten bis heute ebenfalls, mit „Aspirin“, wie man das neue Heilmittel 1899 nannte.
Springen wir über den Atlantik: Aspirin als Indianermittel von Weißen (zu Unrecht) vermarktet?
Nicht von ungefähr findet sich die erste Anwendung von Chinarinde mit ihrem Wirkstoff Salicylsäure in der Alten Welt erst im 17. Jahrhundert. Viele Jahrhunderte vorher hatte China- und auch Weidenrinde im indianischen Arzneischatz ihren festen Platz. Aber: Die Berichte hierüber stellen akute Anwendungen wie Entzündungen, durchaus auch rheumatischer Art, in den Vordergrund. Die indianischen Heiler wandten nicht nur Rindenauflagen äußerlich an, sondern kannten auch Extrakte. Diese enthielten den Wirkstoff schon deutlich konzentrierter. Hätte man nun wie in Europa noch höhere Dosen verordnet, wären die entsprechenden Nebenwirkungen nicht ausgeblieben. Vielleicht traten sie sogar ein, und man ließ von dieser Behandlung wieder ab. Wir wissen es nicht, da keine entsprechende Überlieferung existiert. Indianer dosierten ja nie nach Lehrbuchangaben (1 Teelöffel o. ä.), sondern immer empirisch, „nach Gefühl“, was einer individuel-

len Medizin weitaus näher kommt. Im Falle des Aspirin jedoch gelang ihnen der große Wurf des Herrn Hofmann nicht. Wenig verwunderlich, wenn man sich vor Augen hält, wie gut chemische Analytik Ende des letzten Jahrhunderts (es gab ja auch schon Automobile) selbst komplizierte Verbindungen entschlüsseln konnte. Also kein „Ind-spirin", was dem Wert indianischer Arzneibereitung keinerlei Abbruch tut. Die Medizin hat eben ganz andere Ansätze als die europäische. Vergleiche im Sinne eines Gegeneinander haben hier wenig Wert. Sinnvoll allein ist die Ergänzung der Stärken beider Schulen. In gleichem Sinn argumentiert ja auch dieses Buch.

SCHMERZPFLASTER

Die Anwendung von pflasterähnlichen Auflagen wurde von französischen Missionaren vor 250 Jahren bei Indianerstämmen beobachtet. Sie beschreiben damit eine Anwendung von Medikamenten, die erst vor wenigen Jahren wiederentdeckt wurde: das TTS (= Transdermales Therapeutisches System.) Dieser komplizierte Ausdruck besagt, daß Arzneimittel durch ein Pflaster auf die Haut gebracht werden. Vom Pflaster aus werden sie zwar langsam, aber sehr gleichmäßig über die Haut in den Körper gebracht. Dort wirken sie genauso gut wie eine entsprechende Tablette oder Spritze. Sie belasten aber natürlich den Magen nicht. Auch der rasche Wirkungseintritt von Spritzen ist nicht immer erwünscht.

Die TTS-Pflaster erzielen stabile Wirkspiegel im Blut. Sie garantieren die anhaltende, ganz gleichmäßige Wirkung des Arzneistoffes im Blut.

Wir kennen diese Therapieform bei Herzmitteln. Auch die Zufuhr weiblicher Hormone in den Wechseljahren wird gerne so vorgenommen. Die gleichmäßige Hormongabe schließt unangenehme Nebenwirkungen wie Hitzewallungen oder Spannungsgefühl weitgehend aus.

In der Schmerztherapie wurde bislang kein TTS eingesetzt. Das lag auch daran, daß wir meist eine rasche Befreiung von quälenden Schmerzen suchen. Als Naturvölker ertrugen Indianer Schmerzen sicherlich besser, ihnen bedeutete schon das Auflegen viel. Das wurde ja meist von einem Heiler oder Medizinmann vorgenommen.

Immerhin ist es interessant, daß Ende 1995 ein Hautpflaster mit einem Schmerzmittel auf den Markt kam. Es unterstreicht eine Entwicklung in der modernen Medizin. Sie versucht, chronisch Kranken ihre anhaltenden Schmerzen dauerhaft zu nehmen.

Dieser Bestrebung kommt natürlich eine gleichmäßige Freisetzung des Schmerzmittels durch das Pflaster sehr entgegen.

Zu den indianischen Erfindern dieser genialen Methode zurück, erkennt man auch in der Anwendung noch manchen Trick.

Einigen Menschen bereitet die Einnahme von Aspirin im wahrsten Sinn des Wortes Magenschmerzen. Die Indianer verpackten mit den gleichwertigen Weidenpflastern die Wunden. Sie konnten dadurch besser abheilen, und das Schmerzmittel belastete den Magen nicht.

ERWEITERTE WUNDVERSORGUNG

Wunden entstehen leicht bei starker Beanspruchung der den Körper schützenden Haut durch feindliche Naturkräfte, etwa auf der Jagd. Ebenso führt Gewaltanwendung in Kämpfen und Kriegen dazu.
Es ist deshalb nicht verwunderlich, daß kriegerische Gesellschaften oder Zeitalter oft Fortschritte in der Wundversorgung brachten. In solchen Zeiten haben eben die Chirurgen mehr „Übung".
So verbesserte sich die Chirurgie im Europa des 16. Jahrhunderts deutlich. Neben neuen Schußwaffen mit unheilvoller Wirkung zogen Söldnertruppen durchs Land und verkauften sich den Fürsten, die viele Kriege führten.
Indianische Heilkunst blieb auf diesem Gebiet lange Zeit den Europäern überlegen. Und das trotz schlimmer Ereignisse wie dem Dreißigjährigen Krieg, dem spanischen Erbfolgekrieg und verschiedenen Revolutionen. Wieder berichteten französische Missionare im 18. Jahrhundert, wie Indianer Wunden reinigten. Das erzählten sie voll Abscheu. Auch bei erheblicher Verschmutzung galt das Säubern in Europa als Tabu. Dabei entspricht das indianische Vorgehen in etwa moderner Wundbehandlung. Zuerst Säuberung, um die Wunde übersichtlich zu machen, dann können weitere Maßnahmen folgen.
Die skeptischen Europäer nahmen dabei wahr, wie die gereinigten Wunden mit einer unansehnlichen Masse belegt oder bestrichen wurden. Besonders vermerkten die Kritiker, die Auflagen würden sogar schon schimmeln.
Was damals Vorurteile gegen „unsaubere" Indianer nährte, waren Anwendungen von Substanzen ähnlich unserem Penicillin. Penicilline sind ja teilweise Naturprodukte von Schimmelpilzen, die auf Moosen und Flechten wachsen können.
Jahrhundertealte Beobachtung zeigte den Indianern, in unserem Beispiel Irokesen, den günstigen Effekt auf die Wundheilung, da keine Bakterien mehr störend einwirkten. Wissenschaftlich wurde das alles erst vor gut 50 Jahren aufgeklärt. Der Name von Sir Alexander Fleming steht für die Entdeckung des Penicillins. Den Wirkstoff selbst verwendeten Indianer schon viel früher mit gutem Erfolg.
Verunreinigungen, die durch nicht industriegerechte Anwendungen entstanden, spielten keine Rolle.

HEILMITTEL MOOS

Auch ohne Schimmelwirkung verwendeten viele Stämme Moose zur Wundabdeckung. So überliefern es Missionare, Abenteurer und Reiseschriftsteller. Ihre Glaubwürdigkeit muß jedoch immer wieder angezweifelt werden. Wie oben erwähnt, wurden die fremden Methoden der Indianer häufig mit Argwohn betrachtet und falsch eingeschätzt. Manche Wissenschaftler meinen, daß Indianer die Wundbehandlung überwiegend offen durchführten. Auch die moderne Medizin kennt solche Verfahren. Immerhin ist eindeutig belegt, daß nördliche Stämme die Technik der Moxibustion kannten. Dabei verwendet man Moose, die im Norden vielfach anzutreffen sind. Die erwähnte Technik wird auch von mir noch heute in der Akupunktur angewandt. Man erwärmt dabei die Nadel, wenn sie im gewählten Akupunkturpunkt steckt. Es gibt alte chinesische Zeichnungen, wonach die Moxibustion mit kleinen Moosschwämmchen durchgeführt wurde. Man legte sie auf Meridianpunkte (Ein Meridian durchzieht nach der chinesischen Lehre von Körperakupunktur den Organismus wie eine Linie. Verschiedene, genau überlieferte Punkte repräsentieren Organe, Nerven oder andere Körperstrukturen. Durch Beeinflussung dieser Punkte [mittels Nadeln oder Moxibustion] werden die zugeordneten Körperregionen beeinflußt.) und zündete sie an, was durchaus Schmerzen bereitet. Die Indianer kannten keinesfalls die ausgefeilte Technik der Chinesen. Sie zündeten die Schwämmchen an, welche auf der Wunde lagen. Aus hygienischen Gründen ist gegen diese relativ rauhe Methode wenig einzuwenden. Übertragene Anwendungen wie in China kannten Indianer nicht. Man beeinflußte durch Moxibustion nur verletzte Körperregionen. Die ausgefeilten chinesischen Kenntnisse bearbeiteten unter Umständen eine Körperstelle, die weit von der geschädigten entfernt war, aber geeignet, die andere zu beeinflussen.

ANWENDUNG HEUTE

Im folgenden werden konkrete, auch heute noch übliche Pflanzenmedikamente der Indianermedizin für unterschiedliche Anwendungsbereiche aufgeführt und näher vorgestellt.
Dabei muß einiges als Voraussetzung einer richtigen und gefahrlosen Handhabung beachtet werden:

1. Indianermittel sind keine Wundermittel. Sie stellen eine Alternative zu herkömmlichen Medikamenten dar.

DOPPELBLINDSTUDIE

Bedeutendste wissenschaftliche Methode zum Nachweis von Wirksamkeit eines Medikaments.

Zufällig zusammengestellte Patienten mit vergleichbaren Persönlichkeitsdaten (Alter, Geschlecht, Herkunft) und Krankheitsbildern werden zwei Gruppen zugeteilt.
Die Patienten beider Gruppen erhalten gleich aussehende Medikamente. Die eine Gruppe erhält aber lediglich ein Scheinmedikament (Placebo). Die andere bekommt das echte Präparat (Verum).
Auch die an der Studie beteiligten Ärzte wissen nicht, mit welchem Mittel sie behandeln, da diese ja gleich aussehen und sie keine Zusatzinformationen erhalten. Damit will man verhindern, daß die Ärzte unterschwellig ein Präparat nachhaltiger als das andere dem Patienten ans Herz legen.
Nach einer festgelegten Zeit (Studiendesign) werden die Ergebnisse protokolliert und die Gruppen gewechselt.
Jetzt erhalten die Patienten das echte Mittel, welche bislang mit dem Scheinpräparat behandelt worden waren, und umgekehrt.
Zum Schluß der Studie werden die Ergebnisse des zweiten Teils ebenfalls festgehalten.
Zeigt sich nun, daß ein Wirkmittel beide Male nützte, während der Nutzen bei Gabe des Placebo-Mittels wieder zurücktrat, ist der Wirksamkeitsnachweis erbracht.
Natürlich muß dies an einer genügend großen Zahl von Patienten erkennbar sein.
Aus ethischen Gründen werden Patienten vor der Aufnahme in eine solche Studie informiert. Sie wissen damit über die Art des Verfahrens Bescheid, ohne jedoch erkennen zu können, welcher Patientengruppe sie gerade angehören.

Wir bewegen uns hier im Bereich der empirischen Medizin. Diese gründet sich auf günstige Erfahrungen bei früheren Anwendungen eines Medikaments. Als Beweis reicht ihr die Überlieferung und die eigene Erfahrung aus.

Die Schulmedizin fordert den Wirksamkeitsnachweis eines Arzneimittels über die Doppelblindstudie.
Fällt diese günstig aus, besagt das noch nicht, daß der mir gerade gegenübersitzende Patient auch tatsächlich von dem

getesteten Mittel profitiert. Dasselbe müssen wir auch indianischen Heilmitteln zugestehen.

2. Der Einsatz indianischer Heilmittel erfolgte im Original nach Diagnosen, die mit unserer Vorstellung von Medizin nichts zu tun haben. Das spricht überhaupt nicht gegen die verwendeten Pflanzendrogen. Auch die schon erwähnte Akupunktur wurde mit ganz anderen Untersuchungsverfahren eingesetzt als den heute üblichen.
Trotzdem ist sie wirksam.

3. Nochmals zur Diagnostik: Eine akute Entzündung des Blinddarms (genauer gesagt die des sogenannten Wurmfortsatzes, einem Blinddarmteil) wurde auch von indianischen Schamanen diagnostiziert.
Die heute unstrittige Operation war jedoch nicht möglich. Statt dessen verwendete man neben Ritualen Pflanzenmittel; die wirkten sogar ab und zu. Trotzdem käme niemand auf die Idee, diese Medikamente anstelle der rettenden Operation einzusetzen. Würde man anders handeln, wäre dies ein Experiment auf Kosten des Patienten. Man käme zu Recht alsbald mit dem Gesetz in Konflikt.
Auch hier bietet sich ein Vergleich mit Chinas Akupunktur an. Die traditionelle chinesische Medizin kennt ebenfalls Punkte, welche erfolgreich bei Blinddarmentzündungen gestochen werden können. Auch chinesische Meister lehnen das jedoch ab und raten zur Operation.

4. Die Diagnostik sollte insgesamt nicht zu kurz kommen. Es ist wichtig festzustellen, ob ein Ischiasschmerz durch eine Reizung der Nerven entsteht oder ob der Vorfall einer Bandscheibe mit Rückenmarksschädigung droht. Die Hinweise zu ausreichender Diagnostik kritisieren die Indianermedizin nicht. Sie schützen aber davor, blauäugig Wunder zu erwarten, genauere Untersuchungen zu versäumen und dann die Unwirksamkeit zu beklagen.
Auch hier bietet sich wieder der Vergleich mit der Akupunktur an. Diese stellt ja ebenfalls eine „empirische" Methode dar. Das wird ihr ohne klar ersichtlichen Grund von manchen Schulmedizinern auch vorgeworfen.
Doch eine ordentlich durchgeführte Akupunktur wird sich auch erst gewissenhaft darum kümmern, warum ein Patient leidet. Ich akupunktiere niemanden, der seit einiger Zeit über Kopfweh klagt. Es wäre viel zu gefährlich den Schmerz, der ja ein wichtiges Warnzeichen darstellen kann, einfach zu unterdrücken.
Vielmehr muß vorher danach geforscht werden, ob nicht zum Beispiel ein Hirntumor oder ein erweitertes Gefäß mit dem Risiko einer Hirnblutung vorliegt. Sind solche anders zu behandelnden, gefährlichen Krankheiten ausgeschlossen, kann der

Patient dann mit Hilfe der Akupunktur behandelt werden.

5. Naturheilkundliche Arzneimittel, wie sie in diesem Teil der „Indianermedizin“ vorgestellt werden, bedürfen der Zubereitung. Dabei werden die wirksamen Stoffe zur Nutzanwendung freigesetzt.
Nicht umsonst bedeutet das griechische Wort „pharmakon“ zugleich Arzneimittel und Gift.
Wer also seine eigenen indianischen Arzneimittel herstellt, sollte Grundkenntnisse im Erstellen von Pflanzendrogen besitzen. Entscheidend ist exakte Dosierung beim Abwiegen der Pflanzen. Sonst kann ein Mittel auch schaden.
Das läßt sich mit Pilzesuchen vergleichen. Auch hier braucht man gewisse Erfahrung. Man muß kein „Pilzprofessor“ sein. Aber man sammelt eben die bekannten Pilze und läßt die anderen stehen.
Wie bei den Pilzen kann man sich natürlich auch bei der Herstellung von pflanzlichen Stoffen (Extrakten, Salben u. a. m.) an Fachleute wenden. Ein Apotheker hilft hier ebenso wie eine pharmazeutisch-technische Assistentin. Manche Volkshochschule bietet entsprechende Kurse an. Ab und zu geben auch die Medien recht praktische Ratschläge. So hat zum Beispiel die „Hobbythek“-Serie der ARD dieses Thema schon behandelt.
Wie die Diagnostik, so gebietet auch die Therapie Sorgfalt. Schwierige Zusammenhänge und Techniken sind nichts für die Hand des Unerfahrenen.
Deshalb habe ich die Pflanzen bewußt so ausgewählt, daß sie auch hier verfügbar sind und gut bearbeitet werden können. Diese Auswahl erlaubt natürlich auch, auf das Angebot der hiesigen Naturheilkunde zurückzugreifen, wie es in Apotheken erhältlich ist. Wir können uns ruhig frei von der Vorstellung machen, nur mit unbehauenen Steinen verarbeitete Pflanzen würden die richtigen Auszüge ergeben. Wir nehmen die gewonnenen Arzneien ja auch in unserer Wohnung und nicht in einem Tipi ein. Nutzen wir also das Angebot der uns verfügbaren Naturheilkunde, allerdings unter Beachtung der indianischen Erfahrung und Tradition.

DIE HEILPFLANZEN

Bei allem wichtigen Fortschritt bewahren Traditionen in der Medizin Erfahrungen, die oft sehr weit zurückreichen. Manchmal sind sie fast vergessen.
Medizin der Naturvölker entspricht in unserer Welt der Volksmedizin. Sie gibt Rezepte über Jahrhunderte weiter. Meist handelt es sich um Pflanzenanwendungen unterschiedlicher Art, also Tees, Sudbereitungen für die innere Anwendung, Wickel und Salben für die äußere Applikation.
Erfahrungen von Menschen unterschiedlicher geographischer Regionen können einander ähneln, wenn gleichartige Pflanzen in diesen Gegenden wachsen.
Deswegen führe ich zum Beispiel Baldrian nicht als indianisches Arzneimittel auf. Die in der Wissenschaft als *Valeriana officinalis* bezeichnete Pflanze ist bei uns so verbreitet, daß sie nicht gesondert besprochen werden muß. Baldrian kann ja auch in industrieller Fertigung in Form von Tabletten und Dragees von verschiedenen Herstellern gekauft werden.

ECHINACEA

Auch bei uns sind die Igelkopfpflanzen unter dem Namen Echinacea bekannt. Aber sie sind typisch amerikanisch. Deshalb wurde Echinacea schon früh und weit verbreitet bei vielen Indianerstämmen angewendet.
In der Regel wurden wäßrige Extrakte durch Überbrühen der Blätter wie bei einem Tee hergestellt. Die weiße amerikanische Naturmedizin entzieht die Wirkstoffe meist durch Alkohol. Sie werden damit vollständiger herausgelöst, stehen also in größerer Zahl zur Verfügung.
Dieser Weg entspricht meines Erachtens nicht den Grundgedanken indianischer Heilkunst, auch wenn wir ihre Methoden in unsere Zeit und Welt „übersetzen".
Zudem werden auch Mittel für Kinder besprochen. Hier ist der in europäischen Pflanzenpräparaten ebenso oft zu findende Alkoholzusatz noch stärker abzulehnen als bei Erwachsenen.
Echinacea gilt den Indianern als wichtiges Reinigungsmittel. Meist verstand man darunter eine Verbesserung des körperlichen Zustandes über eine Blutreinigung. Das Präparat wurde auch als Gegengift bei Infektionen eingesetzt. Litt ein Indianer unter Fieber mit Kopfschmerzen und Gliederschwere, wurde zunächst geprüft, ob seine Schleimhäute (am einfachsten im Mund kontrollierbar) bläulich verfärbt waren. Traf das zu, galt Echinacea als sehr hilfreich. Es wurde aber auch bei ähnlichen Beschwerden ohne die Blauverfärbung gegeben.

Bei uns finden sich ähnliche Anwendungen. Man schreibt der Pflanze zu, die Abwehr zu stärken oder auch Tumoren zu bekämpfen. Das Heimatgebiet der Pflanze findet sich um die Großen Seen, also grob gesagt im Raum des heutigen Chicago. Der Ortsname ist ja auch indianischen Ursprungs.

ARNIKA

Ähnlich wie bei Echinacea denkt man beim Stichwort Arnika sicher nicht sofort an Indianermedizin. Man findet Arnika aber regelmäßig in der Naturapotheke Nordamerikas. Interessant ist, daß die Anwendung bei Schwellungen und zur Wundheilung bei Indianern wenig verbreitet ist. Man stellt vielmehr einen wäßrigen Extrakt her. Dieser wird als Stimulans, also zur allgemeinen Kräftigung und zur Antriebssteigerung auch Kindern gereicht.
Bekannte Heilpflanzen werden für das Indianerthema nicht uninteressant, weil wir sie kennen. Aus der anderen Tradition erfahren wir zusätzliche, oft sehr wirksame Anwendungsmöglichkeiten.

PETERSILIE

Ein gutes Beispiel hierfür bietet auch die Petersilie. Sie hilft bei inneren und äußeren Entzündungskrankheiten.
Verwendet werden dabei Wurzeln und Blätter. Ein heißer Aufguß davon kann abkühlen. Anschließend wird die Arznei oft getrunken (bis zu drei Gläser am Tag). Ein entwässender Nebeneffekt ist angesichts der entzündlichen Schwellung meist sogar erwünscht. Zusätzlich legt man zerquetschte Blätter der Petersilie auf die äußere Schwellung. Das Quetschen oder Zerreiben der Petersilie läßt die Wirkstoffe in ausreichender Menge austreten.
Wichtig ist auch der hohe Gehalt der Petersilie an Kalium und B-Vitaminen.
Das sagen die Wissenschaftler, die sich mit indianischer Pflanzenmedizin beschäftigen. Das erklärt, warum Indianer Petersilie häufig vorbeugend aßen. Ihrer Erfahrung nach schützte das vor Tumorleiden.
Bei einer weiteren Anwendung verarbeitet man die Petersilie frisch. Wird der beim Überbrühen auftretende Dampf mit einem Lappen oder Tuch aufgefangen, leistet er gute Dienste als Mittel gegen Insektenstiche.

JOHANNISKRAUT

Trotz auch uns bekannter Mittel sind wir jetzt mittendrin in der Indianermedizin. Aber es würde ja wenig Sinn machen, über Substanzen zu sprechen, die hier gar nicht erhältlich sind. Also werden auch weitere bekannte Pflanzen genannt, allerdings mit Anwendungen, die unsere Pflanzenmedizin, wenn überhaupt, nur selten nennt.

So wurde die Haut und ihre Schädigung durch Insektenstiche angesprochen, wo Petersilie gute Dienste leistet.
Hautnarben können mit Johanniskraut erfolgreich behandelt werden, wenn sie schmerzen, jucken oder kosmetisch unschön sind.
Letzteres verwundert vielleicht ein wenig. Indianer gelten landläufig als recht indolente, dickhäutige Individuen, die sich kaum um Fragen der äußeren Erscheinung kümmern. Diese Vorstellung ist unrichtig. Über Plains-Indianerinnen wird berichtet, sie störten sich sehr wohl an häßlichen Narben. Mit Johanniskraut verbesserten sie deren Aussehen.
Bei vielen Stämmen wurde Johanniskraut frisch gegessen, und zwar regelmäßig. Man kannte die beruhigende, aber nicht zu sehr sedierende Wirkung. Das zielte nicht auf eine Pille wie „mothers little helper“ ab. Also kein Beruhigungsmittel, um den sonst als bedrohlich empfundenen Alltag zu mildern. Johanniskraut galt als ein nicht berauschendes „Glückskraut“, das innerlich stabilisierte und dem Körper half, die täglichen Belastungen besser zu meistern.
In höherer Dosierung kann die Pflanze beruhigen. Dazu überbrühten die Indianer einen gehäuften Teelöffel Johanniskrautblätter mit einer halben Tasse kochendem Wasser. Bei Erwachsenen kann diese Dosis verdoppelt werden. Die halbe Menge reicht für die zuerst genannte stabilisierende Wirkung.
Anders als in der europäischen Naturheilkunde soll der Sud gut eine Stunde ziehen und wird dann erkaltet getrunken. Bei uns läßt man warm gereichte naturheilkundliche Tees meist eine Viertelstunde durchziehen.
Zustände von Überreizung sind ebenso zu behandeln. Dabei spricht der Reizmagen so gut darauf an wie Blähungen und Stuhlunregelmäßigkeiten bei psychischer Belastung. Auch die Reizblase verbessert sich. Dabei wirkt Johanniskraut selbstverständlich nicht als Antibiotikum. Wenn die Reizblase durch Bakterien ausgelöst wird, muß ursächlich, also antibakteriell behandelt werden. Bei Menschen ohne Vorerkrankungen von Nieren, Prostata und Harnblase kann die Blasenreizung mit ihren Symptomen Harndrang, Nachträufeln, kleine Urinmenge bei ständigem Wasserlassen mit Johanniskraut behandelt werden. Bessern sich diese Krankheitszeichen innerhalb von zwei bis drei Tagen nicht deutlich, muß überprüft werden, ob nicht doch Bakterien im Spiele sind. Dann reicht das Johanniskraut als alleinige Therapie nicht aus.
An dieser Stelle sei daran erinnert, daß solche Krankheitszeichen natürlich auch durch schwerwiegende Erkrankungen ausgelöst sein können, denen man mit Johanniskraut nicht beikommt. Hinter einer Verstopfung kann auch ein Krebs lauern, selbst wenn große seelische Belastungen gegeben sind. Bevor zu schnell psychische Ursachen als

naheliegender, aber nicht klar beweisbarer Grund angenommen werden, sollte im Zweifel eine ärztliche Untersuchung stattfinden. Schließt diese anderes aus, kann man bei der Behandlung getrost auf die indianischen Mittel zurückgreifen. Jetzt besteht genügend Sicherheit; schlimme Diagnosen mit anderen Konsequenzen wurden ja ausgeschlossen.

LÖWENSCHWANZ

Auch der Löwenschwanz *(Leonurus cardiaca)* ist bei uns verbreitet. Der lateinische Name weist darauf hin, daß er in unserer Naturheilkunde bevorzugt als Herzmittel verwendet wird. Die Indianer kennen dies nicht. Sie nehmen ihn als Rheumamittel, besonders bei Ischiasschmerzen. Seine entspannende Wirkung lindert auch Menstruationsbeschwerden. Asiatische Anwender kennen ebenfalls die günstige Wirkung bei Rheuma. Erinnern wir uns noch, daß ein Teil der rheumatischen Erkrankungen noch vor relativ kurzer Zeit des öfteren mit einer Herzbeteiligung bis hin zu Herzfehlern einherging, schließt sich der Kreis zur eigenen Pflanzentherapie.

THUJA

Thuja ist eine Domäne für die Behandlung rheumatischer Schmerzen.
Dabei werden entzündliche Rheumaformen ebenso wie Abnutzungsrheuma, auch Altersrheumatismus genannt, und Muskelerkrankungen erfaßt. Die indianische Diagnostik war hier nicht so weit fortgeschritten, um Unterschiede zu erkennen. Die Behandlung wirkt auch hier empirisch.
Das bedeutet, die Wirkung für alle genannten Krankheitsgruppen ist belegt.
Verwendet werden kleine Zweige und Blätter der Thuja. Man gibt einen Teelöffel davon in etwa einen halben Liter kochendes Wasser. Die Zeit zum Durchziehen wird hier kürzer gehalten (zehn bis 15 Minuten). Die Dosierung erfolgt im Einzelfall nach dem Ausmaß der Beschwerden und der Wirkung.
Begonnen wird mit der Menge des Sudes, die einem Eßlöffel entspricht. Tritt innerhalb einer Stunde keine Verbesserung ein, folgt ein zweiter Eßlöffel. Verschafft auch er keine Erleichterung, wird ein halbes, eventuell ein ganzes Glas getrunken. Die höhere Dosierung gilt nicht für Kinder. Dosissteigerung ist vor allem bei überdurchschnittlichem Körpergewicht nötig. Die Mengenangaben richten sich nach indianischen Rezepten. Die Indianer, bei denen diese angewendet wurden, waren im Durchschnitt kleiner und leichter als wir heutigen Menschen.
Bei den höheren Dosen (mehr als ein halbes Glas) sollte man berücksichtigen, daß bei Einnahme ab dem späteren Nachmittag

lästige, wenn auch harmlose Schlafstörungen auftreten können.
Die Überreste der überbrühten Pflanzenteile, nach Belieben auch frische, können in eine kleine Menge Pflanzenöl eingelegt werden. Dazu verwendet man eine flache Schale oder einen Suppenteller. Das Öl soll die ausgebreitete Thuja gerade bedecken. Indianer verwenden dieses Öl (mehrere Tage bedeckt ziehen lassen) auch heute noch als Warzenmittel oder bei oberflächlichem Pilzbefall der Haut, zum Beispiel bei Fußpilz.
Bei Verwendung gegen Fußpilz muß man darauf achten, daß die Substanz zwischen den Zehen aufgetragen, nicht eingerieben wird. Hier sitzt der Fußpilz ganz besonders gern. Das Öl wirkt einige Minuten ein, dann legt man am besten ein kleines Leinenläppchen zwischen die Zehen. Abtupfen geht auch, dabei verringert sich jedoch die Wirkung.

KLETTE

Botanisch genau handelt es sich um die sogenannte große Klette *(Arcticum lappa)*. Rheumatische Erkrankungen gehören auch zu ihrem Wirkbereich. Diese Krankheitsbilder fanden sich unter Indianern häufig, wie Berichte und auch Jahrhunderte zurückliegende Knochenfunde beweisen. Die den Naturgewalten stark ausgesetzte Lebensweise trug zur Häufigkeit des Rheumas bei. Der Klette wurde auch blutreinigende Kraft zugeschrieben. Diese Wirkung ist auch in Europa bekannt. Manche Naturheilkundler verbinden sie mit der alten Säftelehre. Danach führt die Verbesserung des Blutes als Lebenssaft dazu, daß andere Teile des Körpers ebenfalls entschlackt werden. Gerade in den Gelenken sammeln sich schädliche Ablagerungen an. Als typisches Beispiel gilt die Gicht. So wird die Entschlackung rheumatischer Leiden über die blutreinigende Kraft der Klette erklärt. Derartige Krankheitstheorien wie die Säftelehre waren den Indianern natürlich fremd. Es fasziniert jedoch, wie Erfahrungsberichte unterschiedlichster Völker zu übereinstimmenden praktischen Ergebnissen kommen.
Die voneinander abweichenden theoretischen Erklärungen widersprechen dem nicht. Sie zeigen nur, daß menschliche Vorstellungen über das Wirken der Natur unzulänglich bleiben. Das gilt für Naturvölker ebenso wie für Fachleute unseres Jahrhunderts.
Bei der Wundversorgung gebrauchten Indianer ebenfalls Kletten. Sie kochten Wurzeln oder die ganze Pflanze in Tierfett und bestrichen Wunden damit. Sie nutzten damit die desinfizierende, antibiotikaähnliche Wirkung der Klette. Soweit wir wissen, ist dieses Verfahren weitgehend reizlos. Es hat damit keine Allergierate wie moderne Antibiotika.

Wenn Sie für eine Wundanwendung Kletten bereiten wollen, kochen Sie einige Pflanzen in einem beliebigen Pflanzenöl kurz auf, um sie dann bei mäßiger Wärmezufuhr noch 20 bis 30 Minuten ziehen zu lassen. Das Öl soll die Pflanzen bedecken. Bevor sie wegen sperriger Pflanzen zuviel Öl verwenden müssen, schneiden sie die Kletten klein. Achten Sie auch auf heiße Ölspritzer.
Dieses Vorgehen empfindet die indianische Anwendung nach. Ihre Nase sollte dabei nicht zu empfindlich sein. Auch das aufgetragene Öl riecht nicht gerade gut. Abgekühlt können so verschmutzte Wunden bestrichen werden. Wie die Indianer sollten Sie vor Anwendung die Wunde erst säubern, zum Beispiel mit Wasser.
Eine Wundstarrkrampfimpfung ersetzt diese Prozedur freilich nicht. Die kann aber ohne weiteres zusätzlich gegeben werden. Sie behindert die Wirkung des Öls nicht.
Dieses Verfahren wird sicher nicht widerspruchslos hingenommen werden. Schon vor 100 Jahren unterschieden sich dabei ja auch Indianergruppen: Manche ließen Wunden ohne jeden Zusatz heilen, andere bestrichen sie, zum Beispiel mit Klettenfett.

LUNGENKRAUT

Rheumatische Erkrankungen finden sich bei Indianern relativ häufig erwähnt. Der Zusammenhang mit der oft rauhen Witterung ist verständlich. Das begründet auch häufigere Infekte von Bronchien oder sogar Lungenentzündungen. Trotz aller Abhärtung bei einem Leben in der freien Natur ließ sich das offensichtlich nicht vermeiden. Lungenkraut bezeichnet ja schon mit seinem Namen das typische Anwendungsgebiet.
Etwa 60 ml Lungenkrautblätter auf einen halben Liter kochendes Wasser – dieser Sud kann bei Infekten der oberen (Rachen, Hals, Kehlkopf) und der unteren (Bronchien, Lunge) Luftwege zumindest als Begleitbehandlung gut angewendet werden. Mehrmals täglich wird ein Glas davon getrunken. Nach der Bereitung (wieder etwa eine Stunde ziehen lassen) kann der Sud gerne abkühlen. Die Anwendung als Kaltgetränk bringt dieselbe Wirkung. Sie können das Mittel aber auch ohne Wirkungsverlust von neuem erwärmen, wenn Ihnen das angenehmer ist.
Auch beim Lungenkraut muß man sich aus der Sicht moderner Medizin nach der Schwere der Erkrankung richten.
Liegt ein grippaler Infekt mit Husten, Schnupfen, Heiserkeit vor, bietet das Lungenkraut eine solide, hinreichende Behandlung. Ein Wickel kann diese Therapie noch unterstützen. Er wird mit dem Sud getränkt und feuchtwarm aufgebracht. Kochen in Öl hat beim Wickel auch mehr Wirkung (siehe Thuja), ist aber aufwendiger und

schmierig in der Anwendung. Kleidung und Bettzeug werden möglicherweise beschmutzt, auch wenn wie immer bei diesem feuchten Wickel eine trockene Auflage straff darübergewickelt werden soll.
Manchmal ist die Erkrankung deutlich ernster. Dann tritt nach Schüttelfrost hohes Fieber mit schwerem Krankheitsgefühl auf. Verfärbter, bisweilen blutiger Auswurf unterstreicht den Ernst der Lage.
Auch jetzt kann man Lungenkraut anwenden. Zuvor sollte jedoch ein Arzt eine genaue Diagnose stellen. Eine möglicherweise notwendige, dann sinnvolle Antibiotikabehandlung widerspricht nicht dem Einsatz indianischer Naturheilmittel. Das zeigen auch die Therapiemodelle des Indianerhospitals in Santa Fe.
Entscheidend bleibt doch die bestmögliche Betreuung des Patienten. Wollte man aus ideologischen Gründen unbedingt ein Therapieverfahren allein durchsetzen, also entweder Indianermedizin oder Schulmedizin, wird man meines Erachtens der Forderung nach optimaler Medizin nicht gerecht. Die Vorteile beider Verfahren zugunsten des Patienten einzusetzen, ohne auf beiden Seiten vorhandene Nachteile mittragen zu müssen, wäre ein ideales Behandlungskonzept. Das kann man sicher nicht immer erreichen. Meiner Erfahrung nach kommt es öfter als erwartet zustande. Voraussetzung ist freilich, frei von Vorurteilen die oben erwähnte Abwägung vorzunehmen.
Am häufigsten scheitert diese Idealauffassung an der Starrheit einzelner medizinischer Glaubensbekenntnisse. Die haben aber mit wirklicher Zuwendung zu Patienten wenig zu tun.

LÖWENZAHN

Neben der Lunge sind Niere und ableitende Harnwege ein anderes wichtiges Organsystem. Neben Nierengrieß und -steinen können hier Infekte oft langwierige und gefährliche Krankheiten hervorrufen. Damit ist nicht zu spaßen. Auch hier sollte man nicht lange Zeit mit Eigentherapie ohne Diagnose herumziehen. Allerdings kann auch bei schweren Nierenerkrankungen Löwenzahn als Begleitmaßnahme verwendet werden. Im Einzelfall sollten Sie das mit ihrem Hausarzt absprechen.
Löwenzahnwurzeln (ein 0,2-l-Glas voll) müssen in kochendes Wasser gegeben, etwa 30 Minuten ziehen. Die erkaltete Flüssigkeit wird mehrmals täglich getrunken, jeweils eine Tasse.
Löwenzahn wird durchweg als lästiges Unkraut eingestuft. Seine Anwendung ist jedoch nicht nur wirkungsvoll, wie es gerade die Indianermedizin belegt. Sie fällt auch leicht, da während der Sommersaison Löwenzahn gesammelt und getrocknet werden kann. Bei Erkrankung im Winter kann man dann auf diese Vorräte zurückgreifen.

VEILCHEN

Bewußt stelle ich Ihnen hier nur eine Auswahl indianischer Pflanzenmedikamente vor. Dieser Teil der „Indianermedizin“ stellt nur Grundlagen der vielfältigen Möglichkeiten und Therapiemethoden dar. Eine systematische Darstellung, die dann aber auch entsprechend komplizierter ausfällt, finden Interessierte im grundlegenden Werk von N. G. Tretchikoff „Indian Herbalogy“.
Abschließend will ich noch ein auch hier verbreitetes Pflanzenmittel darstellen. Ich meine das Veilchen. Wieder scheint auf den ersten Blick wenig Aufregendes daran. Übernehmen wir jedoch Betrachtung und Erfahrung indianischer Heilkunst, sehen wir die große Bedeutung des Veilchens gerade für Kinderkrankheiten.
Verwendet werden Blätter und Blüten. Die Zubereitung erfolgt wieder durch Aufguß mit heißem Wasser. Eine Handvoll Veilchen soll in etwa einem Viertelliter Wasser für 20 bis 30 Minuten ziehen. Bei Kindern werden mehrmals täglich zwei bis drei Eßlöffel des Suds gegeben, um Halsentzündungen zu heilen.
Auch bei Erwachsenen nützt diese Behandlung, allerdings höher dosiert. Die Menge muß ungefähr verdoppelt werden.
Äußerlich kann man Veilchen ebenfalls anwenden. Man bereitet sie als Salbe (schwieriger zu homogenisieren; ein Anleitungsheft zur Herstellung von indifferenten Salben wird empfohlen oder Beratung durch eine Apotheke) oder ölige Lösung (wie oben).
Schwellungen im Halsbereich, wie sie auch bei Infekten vorkommen, werden damit behandelt. Dabei wird Öl oder Salbe außen aufgetragen, nicht auf die Schleimhäute gestrichen.

WAS VERMÖGEN DIE PFLANZEN?

Pflanzenpräparate haben überall auf der Welt eine reiche Tradition. Die Erfahrungen gerade der Naturvölker, welche auf solche Medikamente angewiesen waren, sind auch in unserer Zeit von großem Wert.
Niemand kann sie als alleinige Behandlung für Heilung von Krankheiten darstellen. Als vernünftige Ergänzung oder allein, bei nicht zu schwerwiegendem Krankheitsbild, haben sie auch heute, auch bei uns ihren berechtigten Stellenwert.
Wie bei der Traumanalyse muß man sich darauf einlassen. Wer das nicht tut, erfährt nicht automatisch Nachteile. Nur scheint es mir unklug, auf so wichtige, nebenwirkungsarme Medikamente aus grundsätzlichen Überlegungen zu verzichten, wie das einige wenige medizinische Ideologen tun.

Probieren geht über Studieren. Das soll zwar nicht als Motto einer oft sehr ausgefeilten empirischen Medizin gelten. In der Praxis bewährt sich der Spruch jedoch in unterschiedlichen Situationen. Insofern empfehle ich die Anwendung der indianischen Möglichkeiten nach meiner Übertragung auf unsere Verhältnisse. Bei jeder Anwendung müssen jedoch auch krankheitsbezogene Grundkenntnisse vorhanden sein, um die Grenzen seines Tuns zu erfassen. Das wurde bereits besprochen.

Dieser Gesichtspunkt bleibt wichtig, wenn jetzt Beispiele für die Anwendung bei verschiedenen Symptomen gegeben werden. Ein Symptom bedeutet ja ein Krankheitszeichen. Unterschiedliche Krankheitsursachen können gleichartige Symptome bieten. Ein recht unauffällig wirkender Husten kann das harmlose Krankheitszeichen einer leichten Erkältung sein, die sich innerhalb von 2 Tagen auch ohne Arzneimittel oder Inhalationen von selber zurückbildet.

Andererseits kann dieser Husten als erstes Krankheitszeichen einen Lungenkrebs anzeigen. Auf den ersten Blick erscheint das schwierig und läßt vielleicht den einen oder anderen zurückschrecken.

Aber denken wir doch nach: wie häufig kommt eine harmlose Erkältung vor und wie selten glücklicherweise ein Lungentumor. „Häufiges ist häufig" besagt eine alte medizinische Regel. Sie darf uns jedoch nicht zu selbstsicher machen. Auch den noch so seltenen Tumor gibt es eben doch ab und zu. Und wer an ihm leidet, für den ist es persönlich ziemlich einerlei, ob seine Krankheit eine medizinische Rarität darstellt oder nicht. Das Leiden hat ihn als Einzelmenschen und zwar ganz ergriffen.

Für praktische Anwendungen indianischer Behandlungsverfahren kann hier ein gangbarer Kompromiß gefunden werden. Zum einen sollten Sie nicht zögern, bei länger anhaltenden Krankheitszeichen, die vielleicht an Stärke sogar noch zunehmen einen Fachmann, also Arzt oder Heilpraktiker zu befragen. Ein Husten, dessen Bellen Sie immer mehr stört, womöglich in den letzten Tagen Ihren Nachtschlaf erheblich beeinträchtigt und schon seit einer Woche besteht, eignet sich nicht mehr zur Selbstbehandlung. Gleiches gilt, wenn Sie Blut husten oder ein anfänglich weißer Schleim jetzt eine ungut grünliche Tönung aufweist.

Je schwerer also ein Krankheitszeichen wiegt und je länger es anhält, desto mehr sollte der Fachmann befragt werden.

Anwendungsgebiete

Um die möglichen Risiken bei einer Anwendung indianischer Präparate möglichst gering zu halten, soll zunächst auf Stärkungs- und Unterstützungsmittel eingegangen werden. In einer unwirtlichen Umgebung, wo Witterung, Verletzungen und Infektionen sowie immer wieder Nahrungsmangel an der Gesundheit zehrte, standen solche Heilmittel bei allen Stämmen hoch im Kurs. Für unsere Zeit bleibt ihr Nutzen bestehen, denn ihre Anwendung verbessert auch die Bewältigung moderner Belastungen wie Termindruck, schlechte Ernährungsgewohnheiten und Streß.

Stärkungsmittel

Wurzeln, Blätter und Stengel der auch bei uns verbreiteten Pflanze Eisenkraut werden in einem Sud verarbeitet, wobei etwa 20 g auf einen halben Liter Wasser gegeben werden und etwa 30 Minuten vor sich hin köcheln. Gerade die Plains-Indianer sahen hierin ein breit anwendbares Heilmittel, das zum Beispiel bei Blutarmut oder allgemeiner Schwäche verabreicht wurde. Daneben wandte man es bei Krämpfen im Bauchbereich oder Menstruationsschmerzen an. Mehrmals täglich wurde von dem Sud etwa 100 ml getrunken (kalt). Die zusätzliche Bedeutung des Eisenkrautes in der Indianermedizin als Wurmmittel spielt für uns keine Rolle mehr. Auch krauser Ampfer und Sauerampfer leisteten gute Dienste bei Blutarmut und allgemeiner Schwäche. Daneben wurden sie bei Hautunreinheiten angewendet.

Viele Indianerstämme sahen in der Haut ein Spiegelbild der körperlichen Verfassung, ähnlich wie dies auch bei uns manche Schulmediziner tun.

Die Wurzeln des Ampfers müssen grob zerrieben werden. Dann wird ein Teelöffel davon mit einer Tasse kochenden Wassers überbrüht und soll gut 3 Minuten ziehen. Einnahme mehrmals täglich.

Wie die Haut als äußeres Erscheinungsbild des Körpers auf Mißstände im Inneren hinweisen kann, so sind brüchige Nägel im Verständnis von europäischer Medizin und indianischer Naturheilkunde ein ähnliches Zeichen. In Ermangelung symptombezogener Heilmittel versucht die Schulmedizin jedoch oft eine Ursache zu finden, was selten gelingt.

Die pragmatische Einstellung der Indianermedizin behandelt hier mit ausdrücklichem Hinweis auf die guten Erfolge mit Fuchskreuzkraut. Die gesamte Pflanze wird in alkoholischer Lösung aufbereitet, das Überbrühen löst deutlich weniger Wirkstoffe aus ihr heraus.

Im übrigen gilt diese Pflanze bei vielen Stämmen als „Frauenmedizin“. Menstruationunregelmäßigkeiten gehören ebenso zu ihren Zielsymptomen wie Erschöpfungszustände nach Entbindungen.

Entschlackung

Entschlackung klingt heutzutage recht geläufig. Anläßlich von Frühjahrskuren, Diäten oder Heilfasten sind viele Menschen bestrebt, in ihrem Körper verbliebene Rückstände, die sie zuweilen als giftig empfinden, loszuwerden.
Indianische Entschlackung hat fast immer ein großes Ziel: Vorbereitung auf ein wichtiges Ereignis im Leben, zum Beispiel die früher beschriebene *vision quest*. Man geht für das große Ziel wenig freundlich mit seinem Körper um. Eines der am häufigsten benutzten Entschlackungsmittel stellt das berüchtigte Rizinusöl dar. Da es in jeder Apotheke leicht zu erhalten ist, verzichte ich hier auf eine eingehende Darstellung seiner Bereitung.
Eine weitere Entschlackungsmöglichkeit sieht die Indianermedizin in der Verwendung von Schöllkraut. Hier warne ich ausdrücklich. Schöllkraut gilt bei uns als Giftpflanze, auch wenn sie abführend und entwässernd wirkt.
Das Kraut wurde bei uns früher als Warzenmittel verwendet. Auch davon kam man ab, da empfindliche Menschen auf den Saft mit Hautgeschwüren reagieren können. Indianer wenden es sogar bei solchen Geschwüren an. An diesem Beispiel zeigt sich gut eine gänzlich andere Einstellung dem eigenen Körper gegenüber. Allerdings muß der indianische Heiler auch keinen Anwalt fürchten, der ihn wegen zu rigoroser Eingriffe verklagt.
Wenn Sie also auf den Spuren indianischer Medizin entschlacken wollen, tun Sie es mit vorgefertigtem Rizinus. Bei der Bearbeitung des Rizinus darf man nicht vergessen, daß die Samen sehr giftig sind: also Vorsicht!
Im übrigen reichen auch „unindianische“ Entschlackungsmethoden wie Glaubersalz oder Brennesseltee aus.
Falls Sie doch auf ein angenehmeres, harmloseres Indianermittel zur Entschlackung nicht verzichten wollen, schlage ich Ihnen hierfür entsprechend indianischer Überlieferung die Wasserschwertlilie vor. Ihre Wurzeln als Sud bereitet reinigen nicht nur Darm und Blut, sondern entlasten über erhöhten Speichelfluß auch die Drüsen des Körpers. 20 bis 30 g Wurzelmaterial wird mit 0,7 l Wasser aufgegossen und geköchelt, bis nur noch etwa ein halber Liter Flüssigkeit überbleibt. Vom erkalteten Sud täglich 2 bis 3 kleine Gläser (0,1 l), höchstens 3 Tage lang.

Störungen im Darmbereich

Wie auch in unserer zivilisierten Welt beobachteten Indianer häufig Veränderungen ihrer Darmfunktion. Infekte, auch durch

Würmer stellten die überwiegende Ursache dar. Bei uns sind es falsche Ernährung, Übergewicht und Bewegungsmangel. Die Symptome jedoch ähneln einander oft, weswegen indianische Rezepturen durchaus für unsere Zivilisationskrankheiten empfohlen werden können.

Blähungen, Völlegefühl

Erscheint die Darmfunktion beeinträchtigt, so daß Völlegefühl und Blähungen uns belästigen, findet wie in der europäischen Naturheilkunde die Kalmuswurzel Anwendung. Etwa 20 g der Wurzel auf 0,5 l Wasser gekocht ergibt einen hilfreichen Sud. Vom Geschmack her ist ein gleich wirksamer Minzeaufguß vorzuziehen. Dabei wird ein Teelöffel Minze auf eine Tasse kochendes Wasser gegeben. Das Ganze soll dann 5 Minuten ziehen. Natürlich hatten die Indianer keine Uhren und Teetassen. Es nützt aber wenig, hilfreiche Naturrezepte mit nicht nachvollziehbaren Anwendungsbeispielen und -maßeinheiten zu versehen. Die heutige indianische Überlieferung bezieht sich durchaus auf Einheiten, die überall in den USA gebräuchlich sind.

Durchfall

Als adstringierender Stoff, der die Schleimhaut stärkt und damit den Durchfall zurückdrängt, ist hier am besten die Heidelbeere erhältlich. Neben einer alkoholischen Lösung, die vom Apotheker hergestellt werden sollte, kann mit vergleichbarem Erfolg ein Teelöffel voller Heidelbeerblätter auf eine Tasse kochendes Wasser gegeben werden. Wieder sind etwa 5 Minuten zu warten. Gleiches erreicht man mit dem amerikanischen Schneeball, einer Pflanze, die hier ungleich schwieriger erhältlich ist. Sein Vorteil ist die bessere Krampflösung. Von seiner kleingeschnittenen Rinde gibt man einen Teelöffel auf eine Tasse kochendes Wasser und läßt den Ansatz 30 Minuten ziehen, um ihn dann kalt zu trinken. Anwendungen etwa zweimal täglich.

BRONCHITIS (HUSTEN, AUSWURF)

Wie früher vermerkt, können Symptome Husten und Auswurf recht unterschiedlichen Stellenwert besitzen. Selbst wenn es sich um ein entzündliches Geschehen handelt, sollte immer überlegt werden, ob nicht doch ein Antibiotikum notwendig ist. Diese Frage kann nur ein Fachmann entscheiden. Bedenken Sie dabei bitte auch, daß die menschliche Lunge in ihrer Feinstruktur ein sehr zartes Gebilde darstellt, in dem sich größere Schäden etwa durch übermäßige Vernarbung nach unzulänglich behandelten Infekten recht übel auswirken. Die indianische Apotheke kennt naturgemäß eine ganze Reihe von Bronchitismitteln. Das hat mit der Lebensweise der

Stämme unter zumindest zeitweise widrigen Witterungsbedingungen zu tun.
Ein bewährtes, auch uns leicht erhältliches Präparat ist der Beifuß. Ein Teelöffel seiner Blätter auf eine Tasse kochendes Wasser sollte etwa 20 Minuten ziehen. Auch bei Bronchitis mit Auswurf kann die Vogelmiere, auch Vogelsternmiere, ein Nelkengewächs, angewendet werden. Dieses Unkraut ist überall zu finden. 20 g davon werden auf 0,75 l Wasser gegeben. Man läßt den Sud solange köcheln bis er auf 0,5 l reduziert ist. Dieser Ansatz reicht für einen Behandlungstag und sollte auf 5–6 Portionen über den Tag verteilt werden.
Bei einer trockenen Bronchitis, also ohne Auswurf, wenden Indianer den rundblättrigen Sonnentau an. Die ganze Pflanze kann für den Sud verwendet werden. Ein Teelöffel genügt für 500 ml Wasser. Auch alkoholischer Pflanzenextrakt findet Anwendung. Aus Geschmacksgründen – so ein von Weißen weitergegebenes Indianerrezept – kann ein Auszug von Passionsblumen beigefügt werden. Hier kann wieder der Apotheker beraten.

Blasen- und Nierenerkrankungen

Dieses Thema zeigt einmal recht deutlich, daß jede Art der Medizin, die Naturheilkunde ebenso wie die Schulmedizin, die heimische Kräuteranwendung wie das Interesse an indianischen Behandlungsverfahren an jene Grenzen stößt, die menschlichem Handeln gesteckt sind. Indianer behandelten sehr wohl Nierenerkrankungen. Verglichen mit modernen Verfahren, die recht genau die Restleistung einer vorgeschädigten Niere einstufen können, und dann individuell einen aussichtsreichen Behandlungsplan aufstellen, schneidet die Heilkunst der Indianer schlecht ab. Grob gesagt, die Indianer kannten eben noch keine Nierentransplantationen.
Damit rate ich dringend, bei Nierensymptomen wie deutlich verfärbtem, gar blutigem Urin, Nierenschmerzen oder schmerzhaftem Harndrang einen Arzt aufzusuchen. Bemerkt jedoch ein Mann über 50 Jahren, daß der Urinstrahl nachläßt oder hat bereits der Urologe eine vergrößerte Prostata diagnostiziert, so kann durchaus ein indianisches Mittel den Effekt heimischer Anwendungen übertreffen.

Labkraut

50 g Labkraut als ganze Pflanze in einem halben Liter Wasser gekochtem muß erkalten. Dann wird diese Portion über den Tag verteilt getrunken. Der nicht sehr angenehme Geschmack kann durch Honig verbessert werden. Es sollten dabei nur kleine Honigportionen gelöst werden. Das Wasserlassen muß auch versucht werden, wenn kein ausgesprochener Harndrang gegeben ist.

Spitzwegerich

Ähnlich günstig wie das Labkraut wirkt bei Prostataleiden der Spitzwegerich. Er muß allerdings warm zugeführt werden. Dabei gibt man einen Teelöffel der grob zerriebenen Pflanze auf eine Tasse kochendes Wasser. Nach abgedecktem Ziehen über 10 Minuten kann die Lösung noch warm verabreicht werden.

HAUTERKRANKUNGEN

Beide oben erwähnten urologischen Heilmittel haben noch ein zusätzliches Anwendungsgebiet, das sich abermals ähnelt.
So gilt das Labkraut vielen Stämmen als ausgezeichnetes Medikament für Wundauflagen, bei entzündlichen Hauterkrankungen, ja sogar für die äußere Anwendung bei Tumoren. Die letztgenannte Anwendung möchte ich jedoch nicht empfehlen. Hier machen die Indianer aus der Not eine Tugend und lindern örtliche Tumorschmerzen in Ermangelung von stärkeren Mitteln. Die beschriebenen Hauterkrankungen lassen sich jedoch gut verbessern, wenn eine gehäufte Handvoll von Pflanzen sich über Stunden in Wasser zersetzen. Diese Lösung wird dann auf den betroffenen Stellen aufgetragen.
Der ebenfalls schon erwähnte Spitzwegerich kann auch bei infizierten Hauterkrankungen aufgetragen werden. Die moderne Naturheilkunde konnte verschiedene, antibiotisch wirksame Stoffe nachweisen.
Nach indianischer Tradition sollen die Blätter über Nacht in Essig eingelegt werden. Am nächsten Tag bilden sie dann eine Wundauflage.
Als Hinweis sei vermerkt, daß mit zunehmender Schwere solcher Hauterkrankungen ein Heilkundiger zugezogen werden sollte. Nicht alle Hautveränderungen kann man nur äußerlich therapieren. Manchmal sind zusätzliche Medikamente zum Einnehmen nötig. Darüber muß dann ein Erfahrener entscheiden, der neben der Untersuchung von Begleiterscheinungen wie geschwollenen Lymphknoten auch den Gesamtzustand des Kranken richtig einschätzen kann. Blutergüsse, oder Blutungen von Wunden, welche leicht wieder aufbrechen, gingen gerade die hier erfahrenen Plains-Indianer mit Scharfgarbe an. Sie machten Auflagen mit der zerkleinerten, in Öl eingelegten Pflanze. Auch hier ist eine gewisse Zubereitungszeit von einigen Stunden notwendig. Am wirksamsten scheinen die Alkaloide (chemische Wirkstoffe von Arzneipflanzen) zu sein. Deshalb wurden hiervon Salben hergestellt. Nachdem die indianische Salbenbereitung wegen der hierbei verwendeten, meist stinkenden Fette hierzulande wohl auf wenig Gegenliebe stoßen, empfehle ich die Auflagen mit Öl.

Dabei kann normales Pflanzenöl verwendet werden. Um die Wirkung zu steigern, verwendet man am besten nur die Blüten. Spitzwegerich bekämpfte bei Indianerstämmen der großen Seen, also im Großraum Chicago, auch Hämorrhoiden. Man injizierte sogar Pflanzenlösungen in die aufgetriebenen Gefäßknoten. Neben hygienischen Bedenken warne ich hier vor der Anwendung. Größere Blutungen sind nämlich ebenso vorstellbar wie Luftembolien.

HERZ-KREISLAUFMITTEL

Mit dem Hinweis auf das Risiko einer Embolie gelangen wir zu den Herz-Kreislauferkrankungen. Auch hier sollte im Zweifel eine zumindest orientierende Diagnostik von einem Fachmann vorgenommen werden. Der gestreßte 50jährige Raucher, der sich wenig um seinen erhöhten Blutdruck kümmert und sein Übergewicht durch Essen fetter Speisen noch vergrößert, findet unter den indianischen Kreislaufmitteln wenig Hilfreiches. Er geht ja auch nicht im Gleichgewicht, wenn er täglich gegen die großen Gesetze der Natur verstößt.
Schwächemomente des Kreislaufs, die ein ansonsten Herzgesunder vielleicht wegen relativ niedrigen Blutdrucks erleidet, eignen sich dagegen gut für die Anwendung von Löwenschwanz, der schon allgemein angesprochen wurde (siehe Seite 92). Ein gehäufter Teelöffel kommt auf eine kleinere Teetasse, wird mit heißem Wasser übergossen und mehrmals täglich getrunken.
Als Nebeneffekt wirkt eine derartige Abkochung längerfristig blutdrucksenkend, auch wenn in der akuten Situation der Kreislauf stabilisiert wird.
Wanzenkraut zeigt einen ähnlichen Effekt. Auch hier findet sich bei längerer Anwendung eine blutdrucksenkende Wirkung. Diese galt den Indianern als nicht besonders beachtenswert, da bei ihrem früheren Leben Blutdruckleiden recht selten waren. Indianischer Wohlstand hat auch hier die Zeiten geändert. Mittlerweile finden sich Stämme mit über 50 % blutdruckkranker Bevölkerung.
Das Wanzenkraut wurde in erster Linie bei Herzattacken, auch aufregungsbedingt, verwendet. Man zerstieß den Wurzelstock nach der Pflanzenblüte. Die beste Zubereitung erfolgt durch das Einlegen in Alkohol für 1–2 Wochen. Abkochen als Tee bleibt deutlich weniger wirksam. Die eben beschriebene Anwendung mag vielleicht etwas überraschend klingen.
Meist stellt man sich Indianer als stoischen Naturmenschen vor, die nichts und niemand aus der Ruhe bringen kann. Das ist nicht richtig. Man braucht nur die unterschiedlichen Beschwörungs- und Trauerrituale verschiedener Stämme zu betrachten. Emotionen und Affekte können den Europäer erschrecken.

V. MESA
DER VERFALL

Einst lag es einsam – das **Land**.
Menschen, sie kamen, sie zogen vorüber, sie blieben.
Geduckt oft, beherrscht von der gewaltigen Weite
wie auch von Mächten, über die Maßen stark.
Vater Sonne, Donnervogel und Maismaid –
sie wärmten schließlich, meist halfen sie.
Kraft wuchs daraus,
vorsichtig zu bewahren, bedacht zu nutzen:
Klarheit des Blicks, Gehen in Schönheit.
Leben wurde geordnet, bewahrt auch,
Kraft zog der Krankheit manch böse Macht.
Doch dünnt sich das aus im **Erbe**,
schwach wird es kleiner, doch verblaßt es nicht ganz.
Ohn' alles Jammern nennen wir es **Verfall**.

ON THE ROAD

Juni 1981: Ruhig fährt der fast neue Lincoln über die Interstate I-40. Westwärts folgen wir den Spuren der legendären Route 66.
Flagstaff hinter uns – es beginnt die Erwartung auf die Pazifikküste – keine 500 Meilen mehr bis L.A.
Spürst du das Salz des Meeres schon auf den Lippen?
Die Träume werden jäh unterbrochen. In die Abendstimmung untergehender Sonne am weiten Horizont mischen sich wie Wermutstropfen im Abendlicht blinkende Blechkugeln. Näher kommend entdecken wir unförmige altmodische Wohnwagen, großenteils recht verschlissen, inmitten von Gerümpel. Das Ganze bevölkern Menschen und magere Hunde. Indianer, andere als im Kino. Manche sind offensichtlich alkoholisiert, mehr noch versuchen, diesen Zustand schnell zu erreichen. Sie schwenken Flaschen; wir fahren vorbei. Westwärts, nach Kalifornien ...

August 1995: Staunend durchfahren wir uns wohlbekannte Gegenden Neumexikos nach Norden, Colorado zu. Früher war hier alles recht still, ab und zu kleine Häuser oder auch Wohnwagen. Die Weite der Landschaft überwog das. Ein Indianerreservat reiht sich hier an das andere.
Jetzt fährt man gerade in das nächste Reservat ein (der Highway führt mitten hindurch), da schreit es: Casino. Gambling, Gewinn! Riesige Anzeigetafeln versprechen fast alles. Die Landschaft liegt im Hintergrund. Die Dinge sind verändert.
Gemäß amerikanischer Rechtsprechung darf jeder Indianerstamm in seinem Reservat Spielhöllen bauen und betreiben. Früher war das ein Privileg von Nevada mit Las Vegas oder Reno. Fast alle anderen Bundesstaaten unterdrückten das öffentliche Spiel, um die Moral nicht zu untergraben. Jetzt nutzen zunehmend Indianer gesetzliche Freiräume und nehmen späte Rache an den Weißen – im roten Casino.

LAND DER WIDERSPRÜCHE

Beide Eindrücke liegen in der Erinnerung 14 Jahre auseinander. Man kann sie heute gleichzeitig sehen, getrennt nur durch wenige Meilen.
Die Spielhöllen sind kein Aufbruch aus der Vertreibung, die die Indianer vor etwa 100 Jahren zulassen mußten. Man kann sie als eine Art Revanche sehen. In ihnen liegt kein Neuanfang, auch wenn die Stämme daran nicht schlecht verdienen. Siege gibt es

nicht mehr, wenn vom eigenen Volk zu viele, dem Alkohol verfallen, in Armut leben. Entwurzelt sind die meisten derer, die sich für einen Neubeginn in der Stadt sammelten. Ohne große Chance auf Arbeit, bilden sie ein Proletariat, das zunehmend Sorgen bereitet.

TROSTLOS

Keine Zukunftsperspektive, kein Geld, Erniedrigung, Alkohol – steht es wirklich so schlimm um die Indianer?
Schauen wir uns das blühende Santa Fe an, die Hauptstadt Neumexikos. Nicht umsonst gibt sich der ganze Bundesstaat den Zweitnamen „Land der zauberhaften Eindrücke".
Santa Fe also: Wie eindrucksvoll bilden die der indianischen Pueblotradition nachempfundenen Adobe-Bauten das Zentrum der geschäftigen Stadt. Der ganze Ort vermittelt spanische, indianische und amerikanische Vergangenheit.
Reich ausgestattete Boutiquen vertreiben indianisches Kunsthandwerk zu festgelegten Preisen. Künstlergilden wehren sich selbstbewußt gegen das Verschleudern nativer Kunstwerke. Einen Markt hat man auch. Dort sitzen Indianer an den Ecken, verkaufen auch außerhalb der Geschäfte, billiger natürlich. Die Gilde sieht das nicht gern. Man beugt sich jedoch dem Druck der zahlreichen Touristen. Touristen – sie bestaunen, sie essen, sie winken und schnattern. Und natürlich Fotos – auf jeden Fall mit Indianern. Eindrücke, die erdrücken.
Ein schlechtes Beispiel? Immerhin ist die Hauptstadt Santa Fe eine der attraktivsten Städte der USA. Dazu trägt auch das Höhenklima mit seiner trockenen Luft bei. Im Winter laden die umliegenden Berge zum Skilauf. Die Höhenlage mildert im Sommer die Hitze des Südens.
Eine niedergehende Kultur wie die indianische kann sich gegen diese touristisch orientierten Argumente schlecht zur Wehr setzen. In Santa Fe macht man eben mit im Geschäft, sei es Nobelboutique oder Straßenhandel. Und gleichgültig, ob Indianer, Weißer oder Mexikaner.

(K)EIN HOFFNUNGSSCHIMMER?

Die überlaufene Beliebtheit von Santa Fe hat abgeschreckt. Können wir in die benachbarten Pueblos fliehen? Das sind ja reine Indianersiedlungen, die in der typischen Lehmbauweise der Südwestindianer schachtelartig in mehreren Stockwerken angelegt sind. Finden wir dort das Erbe unverfälscht?
Leider nein. An der Eingangsstation zu Taos Pueblo, dem größten und bekanntesten dieser Dörfer, gibt es erst mal ein Gefeilsche. Nutzt man die mitgeführte Videokamera? Bitte sehr – zehn Dollar Eintritt

pro Person und pro Wagen sind schnell dazuaddiert. Natürlich sieht man hier eine seit Jahrhunderten etwa gleichgebliebene Indianersiedlung. Doch ist sie mittlerweile auch Touristenmagnet wie die meisten der kleineren umliegenden Dörfchen, und die überwiegend in Bussen herangeführten Fremden werden über markierte Pfade getrieben. Sie haben alle fünf bis zehn Meter Gelegenheit, indianisches Brot oder kleine Souvenirs zu kaufen, die von meist interesselos dreinblickenden Indianern feilgeboten werden. Der Geist von Schamanen weht hier nicht (mehr).

NEUE WEGE

Die krassen Mißstände und der Zerfall indianischer Traditionen fanden nicht nur Kritiker. Indianer wollten sich nicht einfach von der weißen Bevölkerung aufsaugen lassen. Aber wie das Ruder herumreißen?

Die Beschränkung der Reservate bietet dazu Gelegenheit. Sie bedeutet nämlich auch Eigenständigkeit. So wie Indianer hier ihre eigenen Casinos gründen können, leben sie ihr Brauchtum nach ihren eigenen alten Regeln. Sie dürfen dabei lediglich keine Bundesgesetze verletzen. Beispielsweise darf niemand (offiziell) mehrere Frauen haben. Auch verstümmelnde, teilweise lebensgefährliche Rituale sind verboten. Früher wurden solche Praktiken bei manchen Gruppen durchgeführt, zum Beispiel im Rahmen des *sun dance*.

Religionsausübung bleibt frei. Dabei versuchen Indianerbewegungen die ihnen aufgezwungenen christlichen Einflüsse zurückzudrängen. Sie besinnen sich wieder auf die Geschichten und Mythen der Vorfahren, soweit sie noch aus der Zeit vor dem Eintreffen weißer Missionare stammen.

Manchmal wird es schwierig, den richtigen, originalen Kern zu finden. Fast nirgends wurden die alten Geschichten unverändert beibehalten. Weiße Missionare hatten nämlich bald die Bedeutung der Mythen für die Indianer erkannt. So drangen sie meistens nicht auf Abschaffung dieses heidnischen Gedankenguts. Sie formten vielmehr die Geschichten im Sinn des Evangeliums um. So schenkten ihnen viele Stämme Vertrauen. Andererseits argumentierten die Weißen, ihre neue Botschaft sei ohnehin in den Glaubenslehren der Indianer enthalten. Auf diese Weise wurden beliebige Teile der Überlieferung unterdrückt und andere hervorgehoben. Manches fügte man auch einfach als christliche Botschaft in indianischem Gewand hinzu.

Mittlerweile bemüht sich eine starke Bewegung, die alten Kulte möglichst ursprünglich wieder aufleben zu lassen: die Native

American Church (Kirche der amerikanischen Ureinwohner). Es handelt sich hierbei nicht um ein Folkloreunternehmen, sondern um den inneren Ausdruck uramerikanischer Selbständigkeit im Glauben der Väter. Nichtindianer erhalten nur selten, und dann unter bestimmten Bedingungen Zutritt. Den aber auch nicht für alle Kulte. Allein dies unterscheidet diese Kirche von der gewinnorientierten Zurschaustellung in den Pueblos. Die Native American Church ist kein Religionsclub. Sie stellt eine eigenartige und eigenständige, nichtchristliche Kirche dar, deren Aktivitäten in ihrem sozialen Umfeld groß sind. Deswegen wird sie von Weißen oft mißtrauisch beäugt.

Die Kirche hat auch den Anspruch indianischen Selbstbewußtseins nachdrücklich auf ihre Fahne geschrieben. Sie ist nicht so kontrollierbar wie verschleppte, hungrige Indianer in einem Reservat, das weit von ihren heimatlichen Wurzeln entfernt liegt. Solche Wurzeln beabsichtigt die Native American Church im Inneren ihrer Mitglieder sprießen zu lassen. Sie umfängt mit ihnen wie mit einem unsichtbaren Band viele heimatlose Indianer.

VATER PEYOTE

Ein weiterer, noch wesentlicherer Grund für das erwähnte Mißtrauen vieler Weißer wird durch die Kulte der Native American Church genährt. Der Peyote-Kult ist der bedeutendste.

Peyote ist ein von vielen Indianerstämmen schon früher rituell genutzter Kaktus. Sein Saft enthält Drogen, zum Beispiel das Rauschgift Mescalin.

In der indianischen Tradition wird der Genuß dieser Stoffe nicht als kriminell gesehen. Es gibt im Kult von Vater Peyote auch keine Abhängigkeiten. Man verwendet die Droge als Bestandteil im Gottesdienst. Sie dient zur Bewußtseinserweiterung. Hier bemerken wir die Verbindung zur Vision in der alten Überlieferung. Der klare Blick nach innen wurde schon über Jahrhunderte auch durch den Gebrauch solcher Mittel erreicht.

Kein Gläubiger der Native American Church würde Peyote als Pflanze, Droge oder Medikament sehen. Es hat den Stellenwert eines Sakraments. Wie in den christlichen Kirchen Wein zu Blut und Brot zum Leib Christi wird, entfaltet Peyote seine Wirkung ausschließlich in der Gemeinschaft der Gläubigen.

Die US-amerikanische Drogenüberwachung stand einer solchen Bewegung natürlich sehr kritisch gegenüber. Immerhin ermöglicht die von der Regierung den Indianern zugestandene Selbstverwaltung den Gebrauch von Peyote zu Kultzwecken. Außerhalb dieser darf es nicht verwendet werden. Auch die Weitergabe an andere als Vertrauensleute der Kirche ist verboten.

Dennoch kommt außerhalb des Kults Mißbrauch vor. Das ist wenig verwunderlich. Viele Touristen haben in den letzten Jahren die Indianergebiete als attraktive Reiseziele entdeckt. Manch ein Abenteuerlustiger wird von den geheimnisumwobenen Kulten angezogen. Normalerweise erhalten Weiße zu den Gottesdiensten der nativen Kirche nur Zutritt, wenn sie persönlich bekannt sind. Es leben ja Ärzte, Sozialarbeiter und Regierungsangestellte zur Unterstützung der Reservatsverwaltung oft Jahre im Indianergebiet.

Erwerben sie das Vertrauen der Indianer, so ist ihnen als Gästen die Native American Church nicht verschlossen. Es gibt Berichte Weißer, die von der Gottesdienstgestaltung überwältigt waren und die Größe dieser Religionswelt bewundern. Carl A. Hammerschlag erzählt in seinem Buch „The Dancing Healers“ davon.

Andererseits finden sich überall in den indianischen Touristengebieten geschäftstüchtige Leute. Das sind nicht nur, aber auch Indianer. Sie nutzen Unkenntnis und Leichtgläubigkeit Unerfahrener aus, um ihnen mit etwas Hokuspokus falsche Peyote-Kulte für teures Geld nahezubringen. Daß dabei auch Drogen eine Rolle spielen, versteht sich von selbst. Sonst hätte das Ganze ja weniger prickelnden Pfiff. Das hier verwendete Rauschgift dient im Gegensatz zur offiziellen Anwendung der Indianerkirche nur dem Selbstzweck. Damit ist es ebenso illegal wie der Rauschgifthandel in den europäischen Staaten.

Gegen ein Trinkgeld kann man jedoch überall in den touristischen Zentren Adressen dieser falschen Peyote-Kulte erfahren.

Die Riten der Native American Church laufen überwiegend nachts ab. Der Beginn des neuen Tages löst die Spannung der Verinnerlichung, des Hingebens an übergeordnete Mächte. Er bedeutet aber auch zum Schluß des Gottesdienstes Begrüßung und Verehrung von Vater Sonne.

In den Kult dieser indianischen Kirche sind unterschiedliche Glaubensvorstellungen eingegangen. Im Mittelpunkt steht jedoch das Einswerden mit der Welt und sich selbst. Nur so kann man sich als Teil des Ganzen begreifen, stärker noch: leibhaftig in der Vision sehen, lautet die zentrale Botschaft.

BEWÄLTIGUNG DER VERGANGENHEIT

Der Einheitsgedanke der Indianerkirche kommt natürlich allen entgegen, welche die Erniedrigung und Zersplitterung der Ureinwohner Amerikas betrübt. Im Kult wird das Gegenstück zu einer auch heute oft traurigen Wirklichkeit empfunden.
Die Anhänger des Peyote-Kultes beschränken sich jedoch nicht auf religiöse Zeremonien. Sie kümmern sich aktiv um das materielle, besonders aber das psychische Wohlergehen ihrer indianischen Brüder und Schwestern. Das erstreckt sich von handfester Hilfe vor Ort bei häuslichen Schwierigkeiten bis hin zu Krankenbesuchen.
Man findet deutliche Missionierungsgedanken. Durch Handeln zugunsten des Mitmenschen will man sich ihm nähern.
So wird leicht ein Brudergefühl vermittelt.
Leicht entsteht so die Vereinigung in einer Kirche, die sich bewußt dem Einfluß Weißer entzieht, ohne gewalttätig zu werden.

DIE IDEEN

Der etwa 1500 Jahre alte Peyote-Kult greift Tranceerlebnisse und Visionen auf. Sie strebt er ja im Rausch, besser in Trance an. Die Einnahme der Droge Peyote soll den Gläubigen nicht betäuben. Sie kann nicht mit der versuchten Flucht des Alkoholikers aus einer für ihn häßlichen Welt verglichen werden: Im Alkohol sucht man Vergessen, Betäubung. Peyote will das Bewußtsein erweitern für Eindrücke, die uns normalerweise nicht zugänglich sind. Ebenso wie bei anderen Rauschgiften bleibt diese positive Beurteilung sehr problematisch, wie auch verschiedene, allerdings westliche Wissenschaftler betonen.
Die Native American Church jedenfalls sucht auf diese Weise Botschaften der Vorfahren. Das sind Urbilder, die die Menschheit in verschiedenen Formen immer wieder sah. Die Inhalte ähneln einander durchaus. Manche Forscher bearbeiten das systematisch.
Sie zeigen ähnliche Bilder bei asiatischen Kulten, besonders im sibirischen Raum. Auch hier kennt man Schamanen. Natürlich ist es kühn, zu behaupten, eine geistig-religiöse Überlieferung hätte sich über gut 50 000 Jahre bis heute in den Visionen erhalten. Sie hätte dann die große Einwanderung nach Nordamerika mitgemacht.
Derartige Überlegungen lassen den Interessierten an die Archetypen des Psychiatrieprofessors Jung denken. Jung, den die Psychoanalyse Freuds sehr anzog, entwickelte gerade von der Traumdeutung her ein eigenes Modell. So kam es zum Bruch mit anderen Psychoanalytikern.
Jung sieht in Träumen und Visionen Bilder einer vergangenen Welt. In ihnen „erinnert“

sich der einzelne an Erfahrungen seiner Vorfahren. Solche Urerfahrungen prägen nach Jung unser Leben vom Unbewußten her. Sie ziehen sich wie ein roter Faden durch das Menschengeschlecht. Ähnlich dem Instinkt der Tiere besitzen wir Menschen hier einen „sechsten" Sinn. Vermag der einzelne diese Urbilder zu nutzen, gestaltet er sein Leben im Einklang mit seinem Platz in der Welt. Er ist ausgeglichen. Diese Gedanken ähneln der indianischen Vorstellung von der rechten Balance.
Auf den ersten Blick liegt hier ein übergeordnetes Prinzip, das die Menschen, gleich welcher Rasse oder Generation, besitzen. Trotz verblüffender Übereinstimmung in manchen Punkten bezweifeln viele Experten diese Vorstellung. Gerade in letzter Zeit mehrt sich die Kritik an den Archetypen (= Urerscheinungen) Jungs. Man findet in seinen Aufzeichnungen zur Traumanalyse immer mehr Ungereimtheiten. Der Meister hat die Folgerungen aus den beobachteten Träumen mehrfach verändert. Es scheint so, als habe er dies wenigstens teilweise deswegen getan, um seine Ideen unterstützen zu können. Ansonsten hätte immer wieder eine eigene Analyse seiner Theorie widersprochen. Doch überlassen wir das endgültige Urteil hierüber der Wissenschaft.
Wesentlicher im Zusammenhang dieses Buches sind Verbindungen, die ganz bewußt den großen Bogen vom Abendland, also unserer westlichen Welt, zu den Indianern spannen.

DER BRÜCKENSCHLAG

Gemeinsamkeiten wie die Ideen C. G. Jungs klangen schon an, auch wenn sie sich als nicht überzeugend erwiesen. Nach vielen Jahren der Miß- und Verachtung scheinen die modernen Touristenströme in die Indianergebiete doch Vergangenes zurechtzurücken. Der ständige Versuch in den Gebieten, die den Indianern zwangsweise zugewiesen wurden, jetzt auch noch über die hohe Besucherzahl Traditionen zu verwischen, erweist sich als großes Problem. Ähnliche Fragen stellen sich auch den Einwohnern klassischer Urlaubsgebiete in der Mittelmeerregion. An Spaniens Costa del Sol verdrängt aufdringlicher Tourismus ebenfalls viel Einheimisches. Doch die Spanier gehören immerhin noch zu unserem Kulturkreis, nutzen Zivilisationseinrichtungen wie wir: Daraus läßt sich vielleicht ermessen, um wieviel größer das indianische Problem ist. Denn die Indianer haben eine ganz andere Kultur und unterscheiden sich auch in ihren Zivilisationsleistungen erheblich.

Neben den vielen Touristen, die in erster Linie bei günstigem Dollarkurs ein paar nette Urlaubsdias machen wollen, gibt es doch andere, welche indianisches Leben fasziniert. Unter ihnen lassen sich Gruppen ausmachen.

New-Age-Anhänger kamen vor Ort oder widmeten sich zumindest der indianischen Lebensweise. Dabei fanden sie eine Bestätigung eigener Überzeugungen. Mittlerweile gibt es in vielen Orten der USA spirituelle Gruppen von Weißen und Indianern. Diese leben nach selbstgezimmerten Kulten mit Musik, aber auch bildender Kunst eine Verschmelzung indianischen und westlichen Protestgefühls.

Durchweg haben diese Gruppen guten Erfolg. Sie verdienen an Seminaren, welche in ihre Lehren einführen. Es gibt Kurse, Symbole, CDs, die alle westliche Seelen entsprechend umstimmen sollen. All das ist käuflich.

NEW AGE

Das Modewort besagt in wörtlicher Übersetzung „Neues Zeitalter". Es handelt sich dabei um eine besonders in Amerika populäre Bewegung, die sich bewußt im Gegensatz zu herkömmlichen Religionen und Weltanschauungen sieht. Einflüsse von New Age sehen wir in der bildenden Kunst wie in Literatur und Musik. Sogar die Naturwissenschaften werden davon berührt.

Der Grundgedanke von New Age ist nicht neu, ebensowenig wie der weitgehend in gleicher Bedeutung gebrauchte Begriff „Esoterik". Wir finden ihn mittlerweile in vielen Buchhandlungen oder Musikgeschäften.

Dieser Weg zu sich selbst weckte schon immer Hoffnungen im Menschen. Er greift auf ein altes Weltbild zurück.

Immer – so die Botschaft – bedeutet die Annahme eines Positiven wie Gott, Welt oder anderem folgerichtig auch das Vorhandensein der Verneinung, des Gegensatzes. Wo es Gott gibt, muß auch Böses sein. Anderenfalls könnte sich das Gute ja gar nicht unterscheiden, sprich definieren lassen. Aber wie kann das Gute ein Böses zulassen, das doch seinem Wesen widerspricht?

Blick hinter die Kulissen

Vielfältig sind die angesprochenen Gruppen und Bewegungen. Einzelne Unterschiede zu vergleichen übersteigt den Rahmen dieses Buches. Eine wesentliche Gemeinsamkeit jedoch kann ich feststellen:
Trotz aller schönen Worte, der faszinierenden Bilder und guter Geschäfte werden die Dinge auf den Kopf gestellt.
Die Aussteiger aus der Zivilisationswelt sind nicht neu. Sie haben auch eine jahrtausendealte Geschichte. Jetzt begegnen wir ihnen in neuem Gewand. Das gilt besonders für New Age. Schon im Ägypten Echnatons oder unter den Anhängern Manis sollte ein neues, besseres Zeitalter beginnen.
Gemeinsam stellen diese Bewegungen fest, daß die vorhandene Welt schlecht ist. Das Böse überwiegt. Einige Einsichtige oder Auserwählte müssen deshalb in einem Bund dem Guten, dem Licht, Gott oder wie auch immer der Gegensatz zum Bösen genannt wird, zum Durchbruch verhelfen. Hierfür werden unterschiedliche Wege vorgeschlagen. Von Zelotenbewegungen (Zelot, griech.; Eiferer) mit der Forderung nach Umsturz und Gewalt reicht der Bogen zum sektenartigen Rückzug aus dieser Welt. Man betrachtet sie als Werk des Teufels voll Abscheu, pflegt die eigene Seele, zurückgezogen in der Gemeinde reiner Schwestern und Brüder, und betet um die Hilfe des guten Gottes.
Auch zur Zeit Christi finden sich solche Gedanken, und einige seiner Anhänger gehen entgegen seiner Lehre eben nicht in die Welt hinaus. Sie versammeln sich, abgewandt von den Problemen ihrer bösen Umgebung, und erwarten den Untergang der Welt sowie die Rückkehr ihres Herrn.
All diesen Bewegungen und Kulten liegt eine Zweiteilung der Welt zugrunde. Es gibt Gut und Böse. Diese beiden Pole können als Gott und Teufel Züge von Personen annehmen. Die Welt ist die Arena des Kampfes zwischen den beiden Mächten. Je nach Weltanschauung besteht das Kampfszenario unbegrenzt fort oder endet mit dem Sieg des Guten. Letztere Lösung findet sich vor allem bei religiösen Gruppen. Meistens müssen diese eine bestimmte Leistung erbringen, um über den Sieg des guten Gottes Erlösung zu finden.
Bei aller Vielfalt kommt eines klar zum Ausdruck: Der ewige Gegensatz zwischen Gut und Böse bestimmt die Weltordnung, das Leben der Menschen und ihr Verhalten. Man spricht deswegen auch von Dualismus. Der Begriff kennzeichnet die genannten zwei (lat.: duo) Mächte. New Age ist nichts anderes als eine solche dualistische Gruppierung, die ihre Weltanschauung in moderne Lebensformen hineinträgt.

DER DUALISMUS SCHWAPPT ÜBER

Dieser Streit der Urkräfte, gerade in seiner engen Verbindung mit dem Bösen, fasziniert. Auch die Berührung mit den Grundlagen der Welt prickelt. Die Schau ins Innere gefällt meist deswegen, weil sie den Versuch bedeutet, diese großen Mächte mit Opfern, Übungen oder Gebeten beeinflussen zu können.
Kein Wunder, daß diese dualistischen Gedanken anziehen. Andererseits stellen die Indianerkulturen derzeit auch einen Modereiz dar. Hier wirkt die oft bizarre Mythologie, die unrichtige Vorstellung vom „edlen Wilden“, die Europa seit 200 Jahren immer wieder in den Bann zieht. Die Medizin der Indianer mit ihrem Einfluß auf Naturgewalten und ihren Heilungserfolgen tut ein übriges.
Was läge da näher, als dualistische Gedanken mit der Indianerwelt zu vermischen, die immer mehr Zeitgenossen interessiert. Die New-Age-Bewegung hat diese Verbindung schon mit großem Erfolg unter die Leute gebracht. Leider beschränkt sich der Erfolg auf das Geld.
Dieser Kulturmatsch schillert bunt, er verkauft sich hervorragend. Eine Kleinigkeit stört jedoch: Die Mischung ist fauler Zauber. Vor allem mit Indianern hat sie nichts zu tun.
Nun kann man die Meinung vertreten: Des Menschen Wille ist sein Himmelreich. Gegen die genannten, indianisch verfremdeten New-Age-Ideen will ich auch keineswegs zu Felde ziehen.
Aber bei meiner am Original ausgerichteten Betrachtung indianischer Medizin will ich klar die Spreu vom Weizen trennen.

DER INDIANISCHE GEGENPOL

Wir hörten immer wieder von den vielen Geschichten der Indianer. Nicht nur auf den ersten Blick wirken sie unübersichtlich. Auch die eintönige Wüste Kaliforniens oder Arizonas wird sehr vielfältig, wenn man sich vorstellt, daß hinter allen Dingen geheime Kräfte ruhen. Diese Vielfalt zeigt eine typische indianische Auffassung. Trotzdem bildet sie ein Ganzes. Dabei spielen unterschiedliche Berichte über die Entstehung der Welt keine Rolle. Ein Ganzes ist sie für alle Gruppen und Stämme. Alles in der Welt wirkt ineinander, miteinander durcheinander. Das schließt auch außerirdische Kräfte ein, die den Menschen beeinflussen. Das Ganze ist auch gemeint, wenn bestimmte Menschen diese Kräfte als Medizin an sich binden können. Völlig verständlich wird diese ganzheitliche = holistische Auffassung der Indianer beim Blick auf ihre mythischen Wesen.
Coyote etwa hilft dem *Weltschöpfer*. Darin ist er ein Freund der Menschen. Aber derselbe *Coyote* kann ohne Vorwarnung ein

„Trickster" werden. Er treibt dann vielleicht nur Schabernack, kann aber auch schweres Unglück bringen.
Coyote, ein Beispiel für viele andere dieser Wesen, wechselt also die Rollen.
Völlig anders als bei der dualistischen Auffassung, ist er nicht festgelegt auf Gut oder Böse. Im Auf und Ab des Lebens liegen höchst unterschiedliche Töne eng nebeneinander. Neben der neues Leben Gebärenden stirbt ein Stammesmitglied. Der Tod ist dabei nichts Böses, wovor man Erlösung sucht. Denn der Verstorbene bleibt ja im einen Ganzen, wenn auch in anderer Form. Die Welt ist kein Kampfplatz gegensätzlicher Mächte. Zwar kennen die Indianer auch Geschichten über Auseinandersetzungen der verschiedenen Kräfte und Mächte. Das ist aber nie grundsätzlicher Art wie im Dualismus zwischen Gut und Böse. Ist die eine Geschichte vorbei, beginnt eine neue. Die Welt ist eine große Nachbarschaft. Es mag zwischen zwei Nachbarn eine Auseinandersetzung geben. Sie wird aber zurückhaltend geführt, denn irgendwann braucht man die Nachbarn wieder im Gesamtgefüge Seite an Seite.
Der Kreuzzug des Dualismus: alles oder nichts, Licht oder Finsternis, hat mit der Weltsicht der Indianer nichts zu tun. Ebensowenig wie moderne Gruppierungen, die ihre vorgefaßten Weltbilder aus fragwürdigen Überlegungen indianischer Kultur aufdrücken wollen (siehe Seite 75).

AM ANFANG KARL MAY – AM ENDE KARL MAY

Man kann schon bei nicht sehr intensiver Beschäftigung mit Indianerkulturen erkennen, daß viele neue westliche Strömungen hier fehl am Platze sind.
In zwei Jahrzehnten anhaltenden Kontakts habe ich erlebt, wie in doch recht kurzer Zeit Kommerz und plattes Niederdrücken auf die indianische Welt gewirkt haben. Sicherlich gibt es noch Erinnerung an die große Tradition. Sie ist aber selten geworden und Weißen weitgehend verschlossen. Immerhin kann die eingehende Beschäftigung mit der Welt nordamerikanischer Indianer nicht nur Kenntnisse vermitteln. Gerade die Medizin – im weiten Sinn des Wortes – kann unsere Lebensweise beeinflussen, ebenso wie die Medizin im Sinne indianischer Heilkunst. Das gilt sicher für jeden in unterschiedlichem Umfang.
Immer aber bedarf es des Respekts vor der uns doch recht fremden Welt. Heilbringende Lehren wie dualistische Strömungen bedeuten einen gefährlichen Angriff auf die Eigenart der Indianer. Vor 150 Jahren

machte man auf die ungeliebten Rothäute mit Gewehren Jagd. Heute zielt man mit Geld auf ihre Traditionen, die man nach westlicher Umformung dem neugierigen Publikum verkauft.
Das Begreifen der großen Tradition in der ihr angemessenen Würde ist schwierig. Es erfordert auch Zeit. Gerade die indianische Heilkunst kann nicht einfach nachvollzogen werden. Ob Traumanalyse oder Pflanzenmedizin, es bleibt mühsam, sich hinein zu vertiefen und dann Nutzen daraus zu ziehen. Aber die lebensprägenden Vision fiel dem Indianer auf seiner Suche auch nicht in den Schoß.
So wollte dieses Buch ohne zu viele Einzelheiten und -namen einen Einblick geben und Interesse wecken. Vielleicht sogar so weit, daß der eine oder andere Leser den praktischen Teil selbst erkunden möchte. Aber auch der, dem das nicht so liegt oder der Schwierigkeiten gerade bei der praktischen Verwirklichung hat, blickte in eine Welt, die sich wohl ihrem Ende zuneigt.
Der Kreis schließt sich: Wir sind wieder bei Karl May.
Als der Apachenhäuptling Winnetou stirbt, läßt ihn Karl May sich zum Christentum bekennen. Bei allen günstigen Beschreibungen durch diesen Autor geht es auch bei ihm nicht ohne die entscheidende Prägung durch den (überlegenen) Weißen.
Wer hier an längst zurückliegende Tage von Kolonialherrentum denkt und alles auf die beschränkte Sicht Mays als Zeitgenosse des 19. Jahrhunderts lenkt, der schätzt die Lage falsch ein.
In unseren Tagen wiederholt sich das, was Winnetou symbolisch auf die „richtige" Seite trieb.
Von dieser pessimistischen Sicht aus sind die Casinos, in denen Indianer Weiße kontrollieren, gar nicht so schlecht. Sie zeigen wenigstens klare Gegebenheiten in einer Zeit, da Pseudoreligionen der Modernen die indianische Welt mit Füßen treten, sich aber zunehmend durchsetzen.

DER TRAURIGE AUSKLANG

Der Abstieg indianischer Kultur verläuft im wesentlichen leider so wie beschrieben.
Es gibt jedoch noch kleine Inseln, die das Alte bewahren.
Wir finden sie in Museen in Phoenix und New York oder auch in kleinen Schriften, die Indianer im Selbstverlag erstellen, wie in Rapid City. Die Suche dieser Überlieferung bleibt mühsam. Denn oft schwingt in den Erzählungen der Alten bereits die Resignation über die neue Zeit.
Wer das Thema indianischer Medizin als Ausdruck einer alten Kultur weiter vertiefen will, der muß den steinigen Weg gehen. Vor Ort kann er auch heute noch überraschende Entdeckungen machen und wichtige Hinweise erhalten. Hier hat er auch den Be-

zug zur Wirklichkeit vor Augen. Auf der Suche nach der Tradition erlebt er täglich deren Auflösung.

Einige leicht verfügbare, weiterführende Standardwerke zum Thema habe ich im Anschluß zusammengestellt. Sie ersetzen zwar nicht die Arbeit im Feld, können aber noch mehr Informationen übermitteln, bevor der Flug nach Seattle, Oklahoma City oder Denver gebucht wird.

Für diejenigen, welche sich am liebsten vor Ort weiter informieren wollen, will ich eine kleine Einstiegshilfe geben. Diese kann sicherlich keinen Reiseführer ersetzen. Indianische Tradition ist auch heute noch über die gesamten Vereinigten Staaten verteilt. Wir finden sie zum Beispiel auch an der am längsten von Weißen beherrschten Ostküste, etwa in Baltimore. Trotzdem empfehle ich dem Anfänger, bei seinen Bemühungen nicht die Einzelheiten zu suchen, sondern sich auf gut nachvollziehbare Ziele zu konzentrieren. Die entsprechenden Flüge nach Phoenix, Oklahoma City oder Rapid City sind ohne Schwierigkeiten mit größeren Fluggesellschaften preisgünstig zu beschaffen.

Vor Ort empfiehlt sich zunächst ein von Deutschland aus vorbestelltes Hotel oder Motel. Dadurch kann man an die 50 % Übernachtungskosten sparen. Es hat auch keinen Sinn, das Flugzeug zu verlassen und sich sofort mit Hilfe eines Taxis oder Mietwagens (ebenfalls Vorbestellung in Deutschland, Österreich oder der Schweiz) auf die Suche nach Indianern zu machen. Verbringen Sie in den Anflugorten mindestens 2 oder 3 Tage. Sie können bereits Wissenswertes zur Indianerkultur erfahren (Museen, Freiluftarchäologie), besonders aber entscheidende Vorinformationen erhalten. Die genannten Städte haben Telefoninformationen und Informationsbüros, wo sie so gut wie immer äußerst freundlich und mit einigem Anschauungsmaterial versorgt werden. Damit kann Ihre Planung ins Detail gehen. Solche Hinweise kann man auch schon vor der Reise anfordern. Die einschlägigen Adressen finden Sie in den besseren USA-Reiseführern. Vergewissern Sie sich beim Durchblättern derartiger Reisehilfen, ob die Indianerkultur ausreichend berücksichtigt wird (Adressen!). Auch darin spiegelt sich die Qualität des jeweiligen Buches.

Für im Vorfeld per Fax oder Brief angeforderte Informationen berechnen Sie bei Ihrer Planung 3 bis 4 Monate. Andernfalls könnten Sie unter Druck geraten, die wichtige Information nicht rechtzeitig zum Reisebeginn in Händen zu halten.

Verlassen Sie dann nach vollzogener Planung den Ankunftsort, so müssen Sie für ein Indianergebiet gleich welcher Gegend eines ausreichend mit sich führen: Geduld. Verbringen Sie einen Urlaub in diesen Regionen und wollen lediglich vor Ort Indianer und auch Vorführungen zu ihrer Geschichte, Tradition und Kultur erleben,

so können Sie dies tun, wie Sie etwa in Europa eine Stadt oder ein Landschaftsgebiet besichtigen. Sie erhalten einen Einblick, der sehr interessant sein mag. Die indianische Seele wird er Ihnen nicht vermitteln.
Dafür brauchen Sie wesentlich mehr Zeit. Man kann hier keinen Plan aufstellen. So können Sie auch Monate in einem Reservat verbringen ohne wesentlich mehr zu erfahren als bei 2 Ganztagesausflügen. Diese Planung liegt nämlich nicht mehr in Ihrer Hand.
Sie können den Indianern auf dezente Art lediglich Ihr Interesse anbieten. Man wird darauf sicherlich nicht verärgert reagieren. Doch wundern Sie sich nicht, wenn entsprechende Andeutungen Ihrerseits nicht beachtet werden. Es kann durchaus sein, daß man auch Ihre (ebenfalls dezent!) wiederholte Frage nochmals übergeht, als sei sie nie gestellt worden. Dann hat es keinen Sinn sofort weiterzubohren.
Andererseits brauchen Sie dieses Verhalten nicht als völlige Ignoranz abtun. Man hat lediglich Ihre Vorstellungen zum aktuellen Zeitpunkt nicht aufgegriffen. Das geschieht vielleicht einige Tage später auch ohne Ihr Zutun. Vielleicht ergibt sich auch wieder eine günstige Gelegenheit, Ihre Frage nach weiterer Einführung in den besuchten Stamm zu wiederholen. So eine Neuauflage brauchen Sie nicht zu scheuen. Vielleicht paßt das Thema jetzt besser.
Ihr Interesse jedenfalls können Sie weiter bekunden. Das tun Sie ja bereits mit Ihrer Anwesenheit. Nur Forderungen oder Versuche, Ihren Willen unbedingt durchzusetzen, sollten Sie tunlichst unterlassen. Das bringt Sie keinen Schritt weiter. Im Gegenteil, eine Ihrer Vorstellung günstige, sich eventuell schon abzeichnende Entwicklung wäre aus der Bahn geworfen.
Hören Sie zu, sehen Sie zu, zeigen Sie Interesse, fragen Sie auch zur rechten Zeit – und Sie werden sehen, daß Sie Ihrem Ziel näherkommen, indianisches Leben hautnah zu sehen. Es mitzuerleben ist dann schon wieder etwas ganz anderes. Hierfür ist ein Besuch wohl nicht ausreichend. Dazu müßten Sie nach hergestellter Vertrautheit auch die zeitliche Dimension erweitern – also wirklich mitleben (auf entsprechende Aufforderung natürlich nur).
Ich selbst habe hierfür bei Bekannten, die im Gegensatz zu mir dies versuchten, nur Mißerfolge gesehen, auch wenn große Bereitschaft vorhanden war und auch großes Wissen um Dinge indianischen Alltags und indianischer Tradition.
Sie werden aber auch in der Haltung des intensiven Besuchers viel mitnehmen können, wie das auch mir vergönnt war.

ÜBERSICHT EINES VORSCHLAGS FÜR EINE EXKURSION IN INDIANERGEBIETE ABSEITS DER TOURISTENSTRÖME

Mindestens 3–4 Monate vor Reiseantritt: Flug, Hotel, Auto reservieren am Ankunftsort, der gleichzeitig den Ausgangspunkt für die gesamte Exkursion darstellt.

Gleichzeitig Anfrage nach Informationen über die jeweiligen Indianerstämme direkt bei den Postadressen.

Für Phoenix:
Navajo Nation, PO Box 308, Window Rock, Arizona 86515

Anmerkung: Das Navajo-Reservat ist derzeit die größte und auch eine der vielfältigsten Stammesgebiete. Von Phoenix aus ist es über die US-17 North (Flagstaff, etwa 200 km, hier weniger Indianerinformation als in Phoenix), dann über die I-40 East zu erreichen (weitere 100 km, vor Ort gute Beschilderung).
Der Zugang über die I-40 West von Albuquerque ist vergleichbar. Auch Albuquerque besitzt neben umfassenden Informationsquellen für eine Exkursion für Indianerkultur wichtige Museen und Ausstellungen. Die Fluganbindung ist jedoch deutlich schlechter als über Phoenix.
Window Rock, der Hauptort der Navajos, bietet umfassende Informationen, für rein touristische Aktivitäten ebenso wie für spezielle Exkursionsziele oder längere Aufenthalte unter den Navajos.

Für Oklahoma City:
Delaware Indian Tribe, PO Box 825, Anadarko, Oklahoma 73005

Anmerkung: Anadarko liegt etwa 90 Autominuten von Oklahoma City entfernt, in südwestlicher Richtung. Benutzen Sie zunächst die I-44 West, dann die US-62 West. In Anadarko und unmittelbarer Umgebung treffen Sie auf über 10 verschiedene Stämme mit teilweise völlig unterschiedlichen Traditionen.

Für Rapid City:
Crow Creek Sioux Tribe, PO Box 50, Fort Thompson, South Dakota 57339

Anmerkung: Fort Thompson ist über die I-90 East gut zu erreichen (etwa 250 km). Man kann auch über Minneapolis anreisen (wesentlich bessere Flugverbindungen). Die Anfahrt mit dem Auto verdoppelt sich dann jedoch.

Diese Vorschläge dienen lediglich als mögliche Einstiege für Interessierte. Sie wurden von mir relativ willkürlich benannt. Eigene Erfahrungen für einen möglichst günstigen Zugang zur Welt indianischer Tradition liegen allen Vorschlägen zugrunde.

ANHANG

REGISTER

LITERATURVERZEICHNIS

ALLGEMEIN

APA-Guide Native America, Singapur 1992
Brandon, W., ed.: American Heritage, Book of Indians, Avenal, New Jersey 1993
Ceram, C. W.: Der erste Amerikaner, München 1991
Fagan, B.M.: Die ersten Indianer, München 1990
Gill, S. D., I.F. Sullivan: Native American Mythology, Oxford 1992
Thomas, D. H., ed.: The Native Americans, Atlanta 1993

ÜBERSICHTEN ZUM MEDIZINTHEMA

Perrone, B. et al.: Medicine Women, University of Oklahoma Press, Norman, 1989
Steiger, B.: Indian Medicine Power, Atglen, PA 1984
Lewis, Th. H.: The Medicine Men, University of Nebraska Press, 1990
Vogel, V. J.: American Indian Medicine, University of Oklahoma Press, Norman, 1970

SPEZIELLE MEDIZINTHEMEN

Hammerschlag, C. A.: The Dancing Healers, San Franzisco 1988
Hutchens, A.: Handbook of Native American Herbs, London 1992
Niethammer, C.: Daughters of the Earth, New York 1977
Sams, J.: Earth Medicine San Francisco 1994
Tretchikoff, N. G.: Indian Herbalogy, 17th ed. Boston 1992
Wall, St.: Shadowcatchers, New York 1994